中国社会科学院国情调研特大项目"精准扶贫精准脱贫百村调研"

精准扶贫精准脱贫百村调研丛书

CASE STUDIES OF TARGETED POVERTY REDUCTION AND
ALLEVIATION IN 100 VILLAGES

李培林／主编

精准扶贫精准脱贫
百村调研·沙壕村卷

第一书记扶贫的实践

曾俊霞　郜亮亮／著

社会科学文献出版社
SOCIAL SCIENCES ACADEMIC PRESS (CHINA)

中国社会科学院国情调研特大项目
"精准扶贫精准脱贫百村调研"
项目协调办公室

主　任：王子豪
成　员：檀学文　刁鹏飞　闫　珺　田　甜　曲海燕

总　序

调查研究是党的优良传统和作风。在党中央领导下，中国社会科学院一贯秉持理论联系实际的学风，并具有开展国情调研的深厚传统。1988年，中国社会科学院与全国社会科学界一起开展了百县市经济社会调查，并被列为"七五"和"八五"国家哲学社会科学重点课题，出版了《中国国情丛书——百县市经济社会调查》。1998年，国情调研视野从中观走向微观，由国家社科基金批准百村经济社会调查"九五"重点项目，出版了《中国国情丛书——百村经济社会调查》。2006年，中国社会科学院全面启动国情调研工作，先后组织实施了1000余项国情调研项目，与地方合作设立院级国情调研基地12个、所级国情调研基地59个。国情调研很好地践行了理论联系实际、实践是检验真理的唯一标准的马克思主义认识论和学风，为发挥中国社会科学院思想库和智囊团作用做出了重要贡献。

党的十八大以来，在全面建成小康社会目标指引下，中央提出了到2020年实现我国现行标准下农村贫困人口脱贫、贫困县全部"摘帽"、解决区域性整体贫困的脱贫攻坚目标。中国的减贫成就举世瞩目，如此宏大的脱贫目标世所罕见。到2020年实现全面精准脱贫是党的十九大提出的三大攻坚战之一，是重大的社会目标和政治任务，中国的贫困地区在此期间也将发生翻天覆地的变化，而变化的过程注定不会一帆风顺或云淡风轻。记录这个伟大的过程，总结解决这个世界性难题的经验，为完成这个攻坚战献计献策，是社会科学工作者应有的责任担当。

2016年，中国社会科学院根据中央做出的"打赢脱贫攻坚战"战略部署，决定设立"精准扶贫精准脱贫百村调研"国情调研特大项目，集中优势人力、物力，以精准扶贫为主题，集中两年时间，开展贫困村百村调研。"精准扶贫精准脱贫百村调研"是中国社会科学院国情调研重大工程，有统一的样本村选择标准和广泛的地域分布，有明确的调研目标和统一的调研进度安排。调研的104个样本村，西部、中部和东部地区的比例分别为57%、27%和16%，对民族地区、边境地区、片区、深度贫困地区都有专门的考虑，有望对全国贫困村有基本的代表性，对当前中国农村贫困状况和减贫、发展状况有一个横断面式的全景展示。

在以习近平同志为核心的党中央坚强领导下，党的十八大以来的中国特色社会主义实践引导中国进入中国特色社会主义新时代，我国经济社会格局正在发生深刻变化，脱贫攻坚行动顺利推进，每年实现贫困人口脱贫1000多万人，贫困人口从2012年的9899万人减少到2017年的3046万人，在较短时间内实现了贫困村面貌的巨大改观。中国社会科学院组建了一百支调研团队，动员了不少于 500 名科研人员的调研队伍，付出了不少于 3000 个工作日，用脚步、笔尖和镜头记录了百余个贫困村在近年来发生的巨大变化。

根据规划，每个贫困村子课题组不仅要为总课题组提供数据，还要撰写和出版村庄调研报告，这就是呈现在读者面前的"精准扶贫精准脱贫百村调研丛书"。为了达到了解国情的基本目的，总课题组拟定了调研提纲和问卷，要求各村调研都要执行基本的"规定动作"和因村而异的"自选动作"，了解和写出每个村的特色，写出脱贫路上的风采以及荆棘！对每部报告我们都组织了专家评审，由作者根据修改意见进行修改，直到达到出版要求。我们希望，这套丛书的出版能为脱贫攻坚大业写下浓重的一笔。

中共十九大的胜利召开，确立习近平新时代中国特色社会主义思想作为各项工作的指导思想，宣告中国特色社会主义进入新时代，中央做出了社会主要矛盾转化的重大判断。从现在起到 2020 年，既是全面建成小康社会的决胜期，也是迈向第二个百年奋斗目标的历史交会期。在此期间，国家强调坚决打好防范化解重大风险、精准脱贫、污染防治三大攻坚战。2018 年春节前夕，习近平总书记到深度贫困的四川凉山地区考察，就打好精准脱贫攻坚战提出八条要求，并通过脱贫攻坚三年行动计划加以推进。与此同时，为应对我国乡村发展不平衡不充分尤其突出的问题，国家适时启动了乡村振兴战略，要求到 2020 年乡村振兴取得重要进展，做好实施乡村振兴战略与打好精准脱贫攻坚战的有机衔接。通过调研，我们也发现，很多地方已经在实际工作中将脱贫攻坚与美丽乡村建设、城乡发展一体化结合在一起开展。可以预见，贫困地区的脱贫攻坚将不再只局限于贫困户脱贫，我们有充分的信心从贫困村发展看到乡村振兴的曙光和未来。

是为序！

李培林

全国人民代表大会社会建设委员会副主任委员

中国社会科学院副院长、学部委员

2018 年 10 月

前　言

深度贫困地区是脱贫攻坚的"重中之重，坚中之坚"。山西省吕梁山区，是全国14个集中连片特困地区之一。吕梁山区沟壑纵横、土地贫瘠，生存条件十分恶劣，属于典型的"一方水土养不好一方人"的地方。沙壕村位于吕梁市兴县县域西北部山区，是典型的深度贫困山村。

沙壕村，2016年农民人均可支配收入只有5072元，仅为全国农民人均可支配收入（12363元）的41%和山西省农村居民人均可支配收入（10083元）的50%。截至2016年，全村210户共755人，其中贫困户62户215人，贫困发生率为28.5%。沙壕村致贫原因复杂，基础设施落后，居住环境差，产业单一严重制约了村庄发展；到村到户政策落实难度大，村庄内生发展动力不足等因素突出。

2015年，中国人民对外友好协会（简称"全国对外友协"）作为中直单位开始定点结对帮扶山西省兴县。全国对外友协先后派出两名处级干部挂职兴县副县长重点帮扶兴县扶贫工作，两任第一书记定点帮扶沙壕村。两任第一书记作为"个人专职型"扶贫干部，在派出单位有效的监督管理下，工作积极努力，全心全意扶贫。第一任第一书记，面对沙壕村滞后的基础设施、单一的产业分布、落后的公共服务，在派出单位和兴县政府的支持下，带领村民完成了安全饮水工程，结束了村庄挑水喝的历史；完成了大规模危房改造、村庄道路绿化工程，村容村貌得到改善；组织完成了新一轮退耕还林工作，生态环境得以保护；建立了大型养殖场，集体经济有望破零；重新精准识别贫困户，公平分配扶贫资源，宣传落实各种到村到户政策资源，提升资源配置效率，做到精准帮扶。第二任第一书记，面对村庄基础设施建设、村民公共服务获得重大进展，村民自身脱贫意愿反而降低、村"两委"组织建设落后的扶贫难题，努力将扶贫同扶志、扶智相结合，重点开展沙壕村村民内生发展动力建设，通过加强党组织建设、巩固村民自治机制、提升村民发展意愿等多项举措，全面激发村庄内生发展活力。

两任第一书记作为驻村扶贫的最终代理人，始终严格坚持驻村，扶贫工作努力，责任心强。在不同的扶贫阶段，面对不同的扶贫问题，两任书记做出了不同的解决办法，实现了驻村帮扶工作的连续性，体现了第一书记扶贫制度的长效性。驻村帮扶3年来，千年沙壕村的贫困面貌取得了根本的改变。随着帮扶力度的增大和内生发展动力的增强，沙壕村的改变将越来越大。

沙壕村第一书记扶贫案例研究表明，第一书记在扶贫实践中取得了重大成功。第一书记扶贫是由来已久的党政干部下乡扶贫制度的创新，是精准扶贫的六个精准之一，"因村派人精准"就是指第一书记扶贫。相比其他扶贫主体，第一书记具备"个人专职型"扶贫特征，扶贫责任清晰、个人激励显著；组织考核设计与实施相对容易，这些都决定了第一书记扶贫的群体优势。但是不同的第一书记因个体因素不同，扶贫效率不同。每年既有优秀的第一书记涌现，也有扶贫不合格的第一书记被召回。在理论分析的基础上，结合沙壕村第一书记扶贫案例、蔡家崖乡其他第一书记访谈、兴县第一书记整体派出情况，本书综合分析影响第一书记扶贫效率的个体因素，并提出相应的政策建议。

本书的结构安排如下。

第一章介绍深度贫困革命老区兴县的情况。首先介绍兴县整体情况，其次介绍兴县的扶贫开发措施，包括中国人民对外友好协会的定点帮扶工作。

第二章介绍沙壕村情况，包括村庄历史及地理、人口及基础设施，重点分析村庄经济，包括收入构成和收入来源，以及教育、医疗、文化等方面村庄经历的变迁。

第三章首先介绍沙壕村总体贫困情况，包括贫困人口的地理位置、收入、家庭人口规模、年龄、户级致贫原因分布。其次分析沙壕村致贫的原因，包括基础设施、住房环境、产业发展、政策落实以及内生发展动力方面。

第四章分别介绍沙壕村两任第一书记的扶贫实践，包括第一任第一书记重点在基础设施、产业发展方面的扶贫工作，第二任第一书记重点在培育村庄内生动力方面的扶贫工作。最后介绍沙壕村未来在基础设施、文化设施、产业扶贫方面的扶贫远景。

第五章介绍第一书记扶贫制度的建立。首先梳理第一书记产生的历史原因，全面介绍第一书记从地方兴起到中央确立的过程。其次从选拔任用、组织培训、管理考核方面介绍第一书记的工作机制。

第六章在沙壕村扶贫案例研究的基础上，综合其他实证材料和文献资料，引入经济学视角，在党政机关干部下乡扶贫制度体系中对比分析第一书记群体的"个人专职型"扶贫优势。以理论分析为基础，结合实证研究，继续探讨影响第一书记扶贫效率的个体因素，最后提出相应的政策建议。

目　录

第一章

深度贫困革命老区县——兴县

沙壕村，位于山西省吕梁市兴县，属于全国 14 个集中连片特困地区的吕梁山区，是全国的深度贫困地区。2011 年《中国农村扶贫开发纲要（2011-2020 年）》指出包括吕梁山区在内的 11 个山区区域的连片特困地区和已明确实施特殊政策的西藏、四省藏区、新疆南疆三地州是扶贫攻坚主战场。

　　兴县，是革命老区，同时也是特困地区。抗日战争和解放战争时期，兴县是著名的晋绥边区（解放区）首府所在地，是八路军 120 师的主战场之一，是革命圣地延安的屏障和门户。兴县是国定贫困县，也是吕梁山区连片特困县。2001 年兴县被确定为山西省 35 个国家重点扶持的贫困县之首。兴县贫困人口多，截至 2017 年 4 月，全县贫困村占农村总数的 62.5%，贫困发生率为 17.3%。

兴县从自身贫困问题出发，结合自身实际，构建产业扶贫和就业扶贫的两个扶贫支撑；全力推进生态扶贫、易地扶贫搬迁、光伏产业、电商扶贫和基础设施配套"五项行动"；积极落实三农普惠政策、精准脱贫特惠政策和各级各部门优惠政策，全力推进精准扶贫工作。

全国对外友协作为兴县的中央定点帮扶单位，从2015年开始定点结对帮扶兴县。全国对外友协先后派出两名处级干部挂职兴县副县长，先后派出两任第一书记定点帮扶蔡家崖乡沙壕村。全国对外友协针对兴县教育、医疗、产业等落后情况，重点开展"输血式"公益扶贫和"造血式"产业扶贫相结合的扶贫项目。

第一节　兴县基本情况 ①

兴县土地面积3168平方公里，是山西省土地面积最大的区县。兴县辖7镇10乡376个行政村。截至2017年底，兴县常住人口29万人，其中，城镇常住人口为12万人，乡村常住人口为17万人。

兴县历史悠久，革命历史更加辉煌，是著名的晋绥边区（解放区）首府所在地，有"小延安"之称。兴县煤炭

① 兴县人民政府：《走进兴县》，http://www.sxxingxian.gov.cn/html/zjxx/。

铝气等资源丰富，境内有多家大型能源企业。兴县地处吕梁山区，属于深度贫困县，教育、医疗、经济发展整体落后。截至 2017 年，全县尚有贫困村 235 个，贫困户 16836户，贫困人口 46163 人。

一 历史沿革

兴县位于山西省西北部、吕梁市北端，东与岢岚县、岚县接壤，南和临县、方山县毗邻，北与保德县为邻，西经兴神黄河大桥与陕西省神木县相通。

北齐始置蔚汾县，兴县旧志云："置县于北齐，因县城地处蔚汾河谷之宽平处，故取名为蔚汾县。则兴县建置之始也"。据《山西省历史地名录》记：汉为汾阳地，北齐设蔚汾县，以县境有蔚汾河故名，属神武郡。开皇三年（583年）置郡属石州（今离石）。大业四年（608 年）改蔚汾县为临泉县，属娄烦郡。唐武德七年（624 年）改名为临津县，属岚州。贞观元年（627 年）改为合河县（因城下有岚漪河，西与黄河相合，故名）。时县城设在今兴县城西六十华里的裴家川口北梁。宋元丰年间，迁移到蔚汾水北设城，即今县城所在地。金时改为兴州，属河东北路。元仍名为兴州，属冀宁路。

明洪武二年（1369 年），始称兴县，隶太原府。洪武九年属太原府岢岚州。清雍正三年（1725 年），隶保德州，八年复属太原府。辛亥革命以后，撤销了州府制，兴县属冀宁道。民国 13 年（1924 年）裁道后，归山西省政府直辖。民国 28 年（1939 年）"晋西事变"以后，建立了由共产党领导的抗日民主政府，兴县成为著名的晋绥边区首府所在地，属晋绥边区一专署。1948 年，属五寨中心区。1949 年 9 月，兴县专区成立，辖兴县、临县、离石、方山、岚县、偏关、神池、五寨、河曲、保德、岢岚十一县，专署驻兴县。兴县历史上名人辈出，清代孙嘉淦、康基田，名垂千古；近现代开明士绅牛友兰、刘少白，功勋卓著。

1952 年兴县属忻县专员公署，1958 年属晋北专员公署，1961 年复属忻县专员公署，1971 年归吕梁专员公署，2004 年，归吕梁地区。

二　革命历史

兴县是革命老区县，是全国 55 个深度贫困革命老区县之一。

抗日战争和解放战争时期，兴县是著名的晋绥边区（解放区）首府所在地，中共中央晋绥分局、晋绥边区人民政府、晋绥军区司令部均驻扎在此地，以阻敌西进、屏障陕北、拱卫党中央，被称为"小延安"。毛泽东同志在此发表了《在晋绥干部会议上的讲话》和《对晋绥日报编辑人员的谈话》两篇光辉著作；中共七大五位书记处书记（毛泽东、朱德、刘少奇、周恩来、任弼时）都曾路居这里；贺龙、关向应等开国元勋率领的八路军 120 师曾在此地战斗 11 年之久。革命战争年代，兴县曾以贫瘠的土地开荒 100 余万亩，供养边区 4 万余名党政军人员；9 万人口的小县参军过万，牺牲千余，为中国革命做出了巨大贡献。在长期战斗和生活中形成的晋绥精神，是民族精神的重要组成部分。

2017年6月21日，习近平总书记到山西考察调研。从北京直飞吕梁，随后驱车一个半小时来到兴县，参观晋绥边区革命纪念馆，向革命烈士敬献花篮。习近平总书记说，革命战争年代，吕梁儿女用鲜血和生命铸就了伟大的吕梁精神。我们要把这种精神用在当今时代，继续为老百姓过上幸福生活、为中华民族伟大复兴而奋斗 ①。

三 气候资源

兴县属大陆性季风气候，冬季漫长寒冷少雪，夏季短暂炎热多雨，春旱风大升温较快，秋季凉爽天气晴朗。无霜期120~170天，年均日照时数2600小时左右，近6年降水量相对偏少。

兴县土地总面积475.39万亩，其中：农用地409.06万亩，建设用地11.6万亩，未利用地54.73万亩。兴县林业用地224.27万亩，占土地总面积的47.2%，其中：有林地63.66万亩，占林业用地的26.1%；灌木林42.05万亩，占林业用地17.2%；疏林地7.4万亩，占林业用地6.2%；宜林荒山面积116万亩，占林业用地47.6%。森林覆盖率为10.78%。兴县地表水和地下浅层水总量为1.6亿立方米，

---

① 霍小光：《习近平总书记到山西考察调研》，新华网，2017年6月22日，http://www.xinhuanet.com//politics/2017-06/22/c_1121190109.htm。

黄河流经兴县 82 公里，年径流量 293 亿立方米。主要河流：岚漪河，流经兴县 28.5 公里；蔚汾河，流经兴县 55 公里；湫水河，流经兴县 26 公里。上述三条河流均属于黄河一级支流。南川河，流经兴县 56.3 公里，属于黄河二级支流。小型以上水库三座：天古崖水库，总库容 2309 万立方米；明通沟水库，总库容 954 万立方米；阁老湾水库，总库容 1060 万立方米。共有淤地坝 268 座，其中：骨干坝 32 座，中坝 19 座。共有水地 6.5 万亩。

全县已探明的矿种有煤炭、铝土矿、铁矿、硅、煤层气、石墨等 23 种，多数矿种品质优良，易于开采，其中煤铝属优势矿种。全县储煤面积约 2000 平方公里，占国土总面积的 63%，是河东煤田的重要组成部分，总储量 461.54 亿吨，已探明储量 136 亿吨，其中埋藏在 1000 米以内的储量为 71 亿多吨，平均发热量 7874 千卡 / 千克，属优质动力煤和配焦煤。铝土矿探明储量 1.86 亿吨，远景储量大于 5 亿吨，分布面积 254 平方公里，是全省五大铝土矿区之一，三氧化二铝、二氧化硅的平均含量分别为 64.61% 和 7.78%，铝硅比值介于 5.81~11.52 : 1，品位居全省各铝土矿区之首。煤层气预测储量达 2000 亿立方米。山西焦煤、中国铝业、中国华电、华润集团、中润集团、冀中能源、豫能集团、中联煤等大企业相继入驻兴县，承载了煤电铝气等大项目。

四 教育医疗

兴县共有 74 所学校，其中，幼儿园 29 所，小学 29 所

（公办小学 26 所，民办小学 3 所），初中 12 所（公办初中 6 所，民办初中 3 所，九年一贯制学校 3 所），高中 3 所，职业中学 1 所；学生 22951 人，其中，义务教育阶段学生 18460 人（初中生 6069 人，小学生 12391 人），高中在校生 4261 人，职业中学学生 230 人；教师 3085 人，其中，小学专任教师 1310 人，初中专任教师 744 人，高中专任教师 389 人，职业中学专任教师 58 人。

2015 年，"120 师小学"在兴县蔡家崖乡五龙堂村落成。该校由晋绥儿女与兴县政府共同发起、创办，以抗战时期驻守兴县、开创晋绥革命根据地的主力军——贺龙、关向应率领的八路军 120 师冠名，贺龙夫人薛明生前题写了校名。"120 师小学"建筑面积 6 万平方米，总投资 1.6 亿元，已招收学生 1500 余人。

兴县共有公立医院 27 个，其中：县级医院 3 个，城镇卫生院 1 个，中心卫生院 6 个，普通乡镇卫生院 11 个，分院 6 个。

五 经济收入

兴县共有耕地 118 万亩，主要种植的农作物有：玉米 22 万亩、谷子 15 万亩、大豆 23 万亩、豆类（绿豆、红小豆等）31 万亩、马铃薯 15 万亩、其他杂粮 5 万亩，油料 27.7 万亩，瓜菜 2.3 万亩。截至 2017 年底，全县牛存栏 25647 头，出栏 7926 头；猪存栏 43183 头，出栏 39672 头；羊存栏 328453 只，出栏 172634 只；鸡存栏 413651 只，出栏 391526 只；肉类总产 9618 吨；禽蛋总产 4836 吨；奶类总产 408 吨；绒毛总产 418 吨。

全县中小企业共有 171 户，其中：工业企业 93 户，建筑业 6 户，第三产业 72 户。产值在 500 万元以上的规模以上企业有 41 户，2017 年规模以上企业工业增加值完成 73.14 亿元，同比增长 9.8%。

全县 2017 年完成地区生产总值 85.89 亿元，同比增长 8.5%；固定资产投资完成 30.8 亿元，同比增长 30%；社会消费品零售总额达到 15.79 亿元，同比增长 7%；财政总收入完成 42.93 亿元，同比增长 129.2%；一般公共预算收入完成 13.33 亿元，同比增长 87.3%；服务业增加值完成 15.23 亿元，增长 8.4%。

2016 年兴县城镇居民人均可支配收入 19061 元，农村居民人均可支配收入 4006 元，仅为 2016 年全国农村居民人均可支配收入的 1/3。

六 总体贫困

兴县地处吕梁山区，沟壑纵横、土地贫瘠，生存条件十分恶劣，属于典型的"一方水土养不好一方人"的地方。

1985 年，兴县被列为"山老边贫"县。1994 年，有 70% 的农业人口被纳入国家"八七"扶贫计划。2001 年兴县被确定为山西省 35 个国家重点扶持的贫困县之首。兴县是国定贫困县，也是吕梁山区连片特困县。2014 年建档立卡贫困户人口 10.4 万人，2015 年底，全县贫困村 275 个，贫困户 22460 户，贫困人口 62316 人。贫困村占全县农村总数的 73.1%，贫困人口全省第三，全市第二。因病因学、缺技术、缺劳力、缺资金致贫人口占贫困人口的 80% 以上。贫困发生率 25.3%，呈现贫困人口多、贫困面积大、贫困程度深、贫困发生率高的特点。2016 年实现 40 个贫困村摘帽、减贫 1.3 万人。截至 2017 年 4 月，全县尚有贫困村 235 个，贫困户 16836 户，贫困人口 46163 人。贫困村占农村总数的 62.5%，贫困发生率为 17.3%。

第二节　兴县扶贫开发措施

兴县基于自身贫困问题出发，坚持把脱贫攻坚作为第一民生，按照"五个一批"和"六个精准"的要求，结合兴县自身实际，着力构建产业扶贫和就业扶贫的两个扶贫支撑，全力推进生态扶贫、易地扶贫搬迁、光伏产业、电商扶贫和基础设施配套"五项行动"，全面推动精准扶贫。在精准扶贫过程中，兴县积极落实三农普惠政策，精准脱贫特惠政策和各级各部门优惠政策。

全国对外友协作为兴县的中央定点帮扶单位，发挥自身联系面广、人才资源丰富的优势，针对兴县教育、医疗、产业等落后情况，重点开展"输血式"公益扶贫和"造血式"产业扶贫相结合的扶贫项目。

一 构建扶贫两大支撑

（一）产业支撑

兴县根据自身资源禀赋和传统优势，重点发展六大特色产业。

一是小杂粮产业。全县杂粮种植面积达到60万亩以上，绿色杂粮10万亩，有机杂粮1万亩。实现小杂粮产业收入5亿元以上，带动农民人均收入达到2000元左右。2016年，县财政补贴882万元，为种植户统一提供种子和肥料，涉及7个乡镇89个村6120户农户，含建档立卡贫困户3585户，户均收入2500元左右。

二是畜牧养殖产业。兴县属于雁门关生态畜牧经济区，实施"千园万场"规模健康养殖工程，集中打造特色肉羊、优质品质猪、肉蛋奶、肉牛四大养殖基地。2016年全县建成6万头商品仔猪生产基地1个，养殖园区3个、养殖小区25个，退耕还草9000余亩，改良肉牛4100头，帮助300户贫困户购买种羊3000只，建圈舍1.5万平方米。2016年全年肉类总产9820吨，禽蛋总产5910吨，奶类总产310吨，畜牧养殖可带动农民户均增收1000余元。

三是食用菌产业。2016年引进河南华亿食用菌有限公司提供技术指导，依托科技公司和专业合作社发展食用菌产业，新建出菇棚320座，生产菌棒500万棒，带动贫困人口1788人脱贫。

四是设施蔬菜产业。2016年，重点扶持建设设施蔬菜基地2个，为种植户提供优质蔬菜苗60万株；改扩建现有日光温室 130 亩、大棚 500 亩，为设施蔬菜种植户提供种苗 140 万株，蔡家崖农业科技发展有限公司培育 150 万株蔬菜种苗。

五是马铃薯产业。2016 年，建成 1000 亩的原种脱毒种薯基地 1 个，发展马铃薯 15 万亩，带动 8 个乡镇、24 个村、1213 户农户户均增收 1000 元左右。

六是中药材产业。发展白术、甘草、黄芪等多年生中药材 3.5 万亩，预计带动 2500 户农户户均增收 2 万元，涉及建档立卡贫困户 1500 户。

（二）就业支撑

主要发展护理护工培训就业。依托"吕梁市护工"的品牌影响力，组织开展护理护工培训，力争每个有劳动力的家庭至少有 1 人参加培训。2016 年培训 1189 人，实现就业 529 人，其中培训贫困人口 289 人，贫困人口就业 189 人。就业学员月工资平均为 2500 元，贫困人口实现护工就业可带动一家三口人均增收 2200 元。此外，其他农业技术人才等方面的培训也是精准扶贫的重要举措之一，如 2016 年千村万人就业培训贫困人口 400 人，新型职业农民培训贫困人口 600 人，进城农村劳动力培训 450 人，冬春农民工素质大培训 59773 人次。

二 开展扶贫五项行动

（一）生态扶贫

兴县是山西省林业生态建设试点县，重点推进生态治理脱贫一批、干果经济林提质增效脱贫一批、加强生态保护脱贫一批、培植绿色产业脱贫一批、退耕还林脱贫一批的"五个一批"工程，通过采取让建档立卡贫困户参加扶贫攻坚造林专业合作社和管护专业队等方式，让贫困人口在参与造林营林、管林护林、产业发展中增收致富。2016年，兴县累计栽植核桃经济林 4.5 万亩，栽植生态林 6.6 万亩，经济林标准化管护 1 万亩，品种改良 200 亩，推广红枣防裂果技术 2000 亩，城区可视山体 1.6 万亩绿化工程完成预整地 5100 亩。2017 年成立扶贫攻坚造林专业合作社 56 家，入社成员 1482 人，吸收贫困劳动力 956 人；共配备林业管护人员 995 人，其中贫困人口 787 人；组建经济林管护专业队 51 支，队员 1135 人，其中贫困人口 695 人。

（二）易地扶贫搬迁

兴县每个县级领导包联一个易地搬迁项目，乡镇书记、乡镇长包联一个移民搬迁村，全县五年内计划完成搬迁 11571 人，涉及 17 个乡镇 190 个村，其中搬迁贫困户 10371 人。2016 年实施搬迁 4200 人，其中贫困人口 3000 人。贫困人口安置方式包括：城区采购商品房集中安置 562 户 2296 人；乡镇集中建设移民新村 2 个，安置贫困户 93 户 345 人；敬老院安置"五保"、鳏寡孤独建档立卡贫困户 12 户 12 人；分散安置建档立卡贫困户 119 户 347 人。预计 2018 年在乡镇新建 12 个移民点，完成全部搬迁任务。对城区安排的贫困户，利用城区南北两山绿化、城区环卫保洁、退耕还林管护等方面提供的公益性岗位，确保每户有一人就业。对其他移民户中有劳动能力的进行集中培训，统一组织转移就业。迁出村土地纳入退耕还林规划区域，发展经济林。整村搬迁村利用旧村土地建设光伏电站，通过资产收益扶贫，保障搬迁贫困户稳定增收。

（三）光伏产业

兴县计划用3年时间，建设装机总规模为51兆瓦的光伏电站。2016年建设1.15万千瓦，2017年2万千瓦，2018年1.95万千瓦。预计，到2018年底，51兆瓦光伏电站全部建成后，年发电量可达6120万千瓦时，年收益可达5630.4万元，贫困人口收益3941万元，可带动9590户贫困户年均增收约4100元，占贫困户总数的43%。区县共28374名深度贫困人口，光伏发电收益全部分配给深度贫困人口，每人每年增收1380元左右。2016年已经建成光伏电站装机容量合计4500千瓦。2017年新建村级电站35个，覆盖16个乡镇81个贫困村。

（四）电商扶贫

兴县是全国电子商务进农村示范县。兴县已经建成5880平方米的县级电子商务公共服务中心，建设村级服务站89个，引进苏宁易购、乐村淘、58同城等电商企业，孵化本地电商企业16户。2016年，电商交易额过亿元，从业人员2000余人，辐射带动农户4200户（其中贫困户1000户）；与阿里巴巴、京东、美团的洽谈也正在进行。2017

年计划累计建成村级服务站 130 个，农产品网上销售额 2500 万元，带动贫困人口 200 人就业，培训建档立卡贫困人口 1000 人。

（五）基础设施配套

从 2017 年到 2019 年 3 年时间，兴县将围绕农村"三基"建设，着力补齐农村基础设施和公共服务设施建设滞后的短板，对全县 235 个贫困村的基础设施进行配套和完善，达到贫困村退出标准。2017 年改造农村危房 630 户，新建和维修村级组织活动场所 109 个，实现村级组织活动场所全覆盖，实施人畜饮水工程 150 处，涉及 150 个自然村，59537 人，其中贫困人口 15604 人，力争所有行政村集体经济"破零"。同时对退出的 64 个贫困村开展整村治理，确保电、路、网、卫生室等基础设施和公共服务达到整村脱贫标准。

三 落实扶贫补贴政策

在精准扶贫过程中，兴县积极落实三类政策，包括：三农普惠政策，精准脱贫特惠政策和各级各部门优惠政策，确保所有政策性补助按时足额拨付到位，并统筹兼顾一般农户、边缘贫困户、贫困户和老年贫困户等特殊群体。

2016 年，全县落实粮食直补、新农合、养老保险、城乡居民低保、教育卫生扶贫和老人补贴等惠民政策补助发放如下。

表 1-1　兴县 2016 年精准扶贫政策性补贴发放总览

补贴种类	涉及面积或人群	金额（万元）
粮食直补金		5473.84
其中：薯类补贴	3.5 万亩	171.8
玉米补贴	20.95 万亩	1235.99
杂粮补贴	51.47 万亩	4066.05
医疗补助和救助		1593
养老金保险	36381 人	3614.88
低保	30268 人	5877.08
教育扶贫	17710 人次	3747.51
高龄老人补贴	3776 人	135.94
失能老人补贴	1083 人	77.98
残疾人生活补贴	2035 人	122.1

资料来源：兴县扶贫办，2017 年。

四　定点帮扶情况

2015 年国家扶贫办对定点扶贫结对关系进行了局部调整，新增 22 个单位参加定点扶贫。中国人民对外友好协会（简称"全国对外友协"）就是新增的中央定点扶贫单位之一，定点结对帮扶山西省兴县。全国对外友协是中华人民共和国从事民间外交事业的全国性人民团体，与世界 157 个国家的近 500 个民间团体和组织机构建立了友好合作关系。

全国对外友协高度重视定点扶贫工作，先后派出两名处级干部挂职兴县副县长重点帮扶兴县整体脱贫，先后派出两名正科级干部担任蔡家崖乡沙壕村第一书记定点帮扶沙壕村脱贫。定点扶贫开展 4 年以来，全国对外友协通过"输血式"公益扶贫和"造血式"产业扶贫相结合的方式，实施了一系列的定点扶贫项目。

教育扶贫和健康扶贫是全国对外友协"输血式"公益扶贫的重点领域。全国对外友协联合十几个国家的政府、企业、民间组织等，为兴县贫困的学生提供了大量的物资援助[①]。捐赠物资包括婴幼儿奶粉、矫正视力眼镜、过冬服饰、学生电脑、书包、校车等，还提供了免费视力检查、免费医疗就诊等服务，总价值过千万元。全国对外友协还为贫困学生提供了与外界接触、开阔眼界的交流机会，如邀请法国青年代表团赴兴县小学开展深入交流，邀请兴县儿童参与在法国举办的"世界儿童是一家"活动。

全国对外友协坚持"造血式"产业扶贫，坚持把大企业请进来，为兴县的脱贫攻坚提供先进的生产技术和管理理念，将兴县的优势产业如杂粮产业打造成兴县农民增收致富的高效优质基础产业。全国对外友协同时坚持带领兴县的党员干部走出去，组织兴县农产品与食品加工企业的负责人赴外省优秀企业考察和培训，学习经验。

全国对外友协主办了国际扶贫研讨会，邀请十几个国家上百名代表，总结交流扶贫工作经验。多个国际企业与兴县签订脱贫攻坚合作协议，推进了扶贫国际交流合作。

---

① 兴县人民政府：《扶到点上 帮到根上——中国人民对外友好协会定点帮扶兴县工作综述》，http://www.sxxingxian.gov.cn/content-62-8181-1.html。

第二章

千年村落沙壕村

沙壕村位于山西省吕梁市兴县县域西北部山区。沙壕村具有上千年的历史。村庄距离蔡家崖乡17公里，蔡家崖乡是著名的晋绥边区（解放区）首府所在地。沙壕村地处深度贫困地区，受地理、气候、交通、资源等一系列条件的限制，沙壕村基础设施建设落后、经济发展水平低，贫困率高达 28.5%。

2016 年，沙壕村村民人均可支配收入 5072 元，仅占全国水平的 41%。村民人均可支配收入中，农业经营净收入仅占 19%，工资性收入占到 44%。沙壕村村民整体健康、受教育水平低，获得技能培训少，外出务工收入低且稳定性差。

沙壕村 80% 以上人口都外出生活，留守村庄的基本都是老弱病残。随着村庄人口的外流，村庄教育、文化、医疗等都经历了深刻的社会变迁。

第一节　村庄历史及地理

一　历史

　　沙壕村的历史比较久远，早在汉代就有记录，村庄已经有 2000 多年的历史了。

　　新中国成立初期，沙壕村有 400 多人。那时，沙壕的村民基本没有土地，租种附近杨家坡村地主的土地，租种面积约 500 亩。土改的时候，每家每户都分到了土地。人民公社时期，土地又全部集中起来。1958~1961 年三年困难时期，沙壕村也经历了大饥荒。很多人都饿到浮肿，吃榆树叶子、野菜充饥，但是因为在山区，所以没有出现饿死人的情况。74 岁的老人刘增奇回忆那段历史说："县里的干部每人才吃 20 斤粮食，老百姓能有啥粮食吃？""文化大革命"期间，沙壕由于地处偏远，政治斗争也不严重。村里主要批斗的对象也是那时候"不听"大队干部话的村民。比如有人饿得不行，出来偷玉米吃，被发现了，就会被罚"出来站站"，但是没有出现打打骂骂的批斗场面。

　　1982 年，沙壕村开始实施土地承包制；1994 年开始第二轮土地承包，当时有 600 多村民，人均可以分到 3~4 亩土地。那时候村里人口也多，是十里八乡内比较热闹的村庄。

2000年，沙壕村村民开始了大规模的外出迁移，村里一半以上的人都走了，只剩下300人。尤其是2002年村里的小学撤掉之后，村民带着孩子到县城或乡镇就读，村里几乎看不到一个学龄儿童了。到2017年，全村的常住人口不足户籍人口的1/5，留守的多为老弱病残。

二　地理

沙壕村，位于兴县县域西北部山区，属蔡家崖乡，距离蔡家崖乡17公里，距离兴县县城27公里。图2-1是沙壕村地处兴县的位置概况。

沙壕村处于兴县西北部的土石山区，山峦起伏，山高坡陡。村庄整体山体生态绿化环境较好。沙壕村村域总体

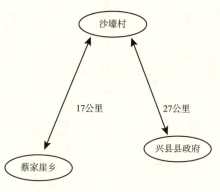

图2-1　沙壕村在兴县的区位

图 2-2　沙壕村概况

（李鑫拍摄，2017 年 12 月）

面积 4.37 平方公里，其中耕地 2480 亩，多为坡地，林地面积 400 亩。

沙壕村北邻张家沟村，南接田家圪台村。沙壕村为行政村，下辖 4 个自然村，包括沙壕自然村、三眼泉村、碾塔村和王家崖村。2007 年，4 个自然村合并为沙壕行政村。4 个自然村由西到东依次为王家崖村、三泉眼村、沙壕村、碾塔村。村庄分布如图 2-3 所示。

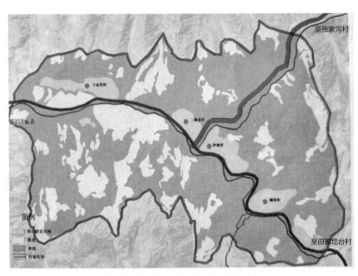

图 2-3　沙壕村行政划分区域

（山西省城乡规划设计研究院提供，2017 年 4 月）

三　自然条件及资源

沙壕村所在的兴县属于大陆性季风气候，冬季漫长寒冷少雪，夏季短暂温暖多雨，春旱风大升温较快，秋季凉爽天气晴朗。无霜期 120~170 天，年均日照时数 2600小时。

　　沙壕村内有较为丰富的煤矿资源，但缺乏合理规划的采煤活动对当地的自然环境造成了一定的破坏。村庄附近的沙壕沟有较为丰富的铝矿，中铝公司在此开采运营。开采地在沙壕沟，加工厂房在相邻瓦塘镇，铝矿开采地距加工地约 10 公里。沙壕村域境内有 2 条河流，河流未经污染，水质较好，但是夏天多发洪水。

　　沙壕村的植物资源较为丰富，其中，食用植物以玉米、土豆为主，还包括黄瓜、南瓜等各类蔬菜。树种有槐树（保持水土）、柳树、马尾松、榆树（可用于防风固沙）、小叶黄杨、中华金叶榆（道路旁景观植物）等。当地种有杏树、核桃树等经济树种。当地的瓜果蔬菜均不施加任何化肥及农药，属纯天然绿色食品。

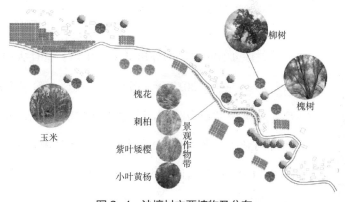

图 2-4　沙壕村主要植物及分布
（西北工业大学葛宇等提供，2017 年 4 月）

第二节　村庄人口及基础设施

一　人口

截至 2017 年 4 月，沙壕行政村总人口 755 人，4 个自然村的人口分布如表 2-1。

表 2-1　沙壕村 4 个自然村人口分布

自然村名	户	人
碾塔村	85	286
沙壕村	58	183
三眼泉村	35	82
王家崖村	67	204
合计	245	755

资料来源：精准扶贫精准脱贫百村调研 – 沙壕村调研。

说明：本书统计图表，除特殊标注外，均来自沙壕村调研。

村庄 4/5 的人口都外出务工或生活，常住人口不足 150 人，70 户左右。2017 年 4 月的入户调研，除了个别常住农户在地里劳动没有访问到，其他在村的贫困户和非贫困户都访问到了。调查的 60 个农户，包括贫困户 30 户，非贫困户 30 户。30 户贫困户中：一般贫困户 20 户，低保户 4 户，低保贫困户 6 户。30 户非贫困户中：23 户非贫困户，7 户建档立卡调出户。

60 位受访村民特征如下：

表 2-2　60 位受访村民基本情况

特征	分类	人数	占比（%）
性别	男	49	81.7
	女	11	18.3
年龄（周岁）	30–39	2	3.3
	40–49	12	20.0
	50–59	15	25.0
	60–69	22	36.7
	70+	9	15.0
婚姻状况	已婚	51	85.0
	未婚	3	5.0
	丧偶	6	10.0
教育程度	文盲	16	26.7
	小学	20	33.3
	初中	16	26.7
	高中	5	8.3
	中专（职高技校）	3	5.0
主要社会身份	村干部	2	3.3
	干部退休职工（如教师、工人）	4	6.7
	普通农民	54	90.0
自评身体状况	健康	16	26.7
	长期慢性病	34	56.7
	患有大病	6	10.0
	残疾	4	6.7
劳动自理能力	普通全劳动力	31	51.7
	技能劳动力	1	1.7
	部分丧失劳动力	21	35.0
	无劳动能力但有自理能力	4	6.7
	无自理能力	3	5.0

受访村民以男性为主，占 80% 以上。留守村民年龄都偏大，60 位村民的平均年龄达到了 58 岁，40 岁以下的仅 2 位，70 岁以上的还有 9 位，其中最大的 78 岁。85% 的受访村民为已婚，但是其中至少 3 位村民的妻子已经离家出走，长期不和家里人联系了。受访村民文化程度为文盲和小学的占到了 60%，高中、中专的仅占到 13% 左右，沙壕村整体的受教育程度非常低。90% 的受访村民都是普通农民，还有 2 位在任村干部，包括村主任和副主任，4 位退休的干部职工，分别是本村 2 位退休的公办教师和 2 位退休的工人（本村常住人口）。受访村民的健康状况都偏差，其中长期慢性病的占到了一半以上，还有 10% 的患有大病，4 位村民残疾，自报身体"健康"的不到 30%。受访村民多为 60 岁左右的老人，加上身体健康状况偏差，长期患有慢性病或大病，1/3 的受访村民表示他们丧失部分劳动能力，不能干重活，还有超过 1/10 的受访村民无劳动能力、无自理能力。

二　基础设施

（一）交通、照明

沙壕村交通较为落后，全村只有一条对外联系道路。中铝矿区的运矿路从村前经过，村级主干道柏油路由中铝公司投资建成。村道通往 218 省道，为乡级公路，道路宽约 6 米，较为平坦，没有太大的坡度。沙壕村的 4 个自然村全部通过这条乡级公路串联。这条路是中铝公司为铝矿加工运输修建的。在铝矿运输的高峰时期，路上车辆非常多，有时还有拥堵现象发生。村庄内部有一条非常短的新修的 3 米宽水泥路，其他道路都是泥土路，并且非常狭窄且崎岖，大部分路面无法通车，路面较窄，断头路多，道路系统非常不完善。

村里到县城每天有一趟班车，早上八点左右路过沙壕村，晚上五点左右从县城返回。车票单程 10 元，往返 20 元，一般村民认为比较贵，乘坐频率也比较低。村民出行的主要交通工具有摩托车、大型卡车（主要用于运输煤矿）、班车。

沙壕村村内主干道上安装有少量的路灯，路灯并未在全村普及，村庄夜晚照明情况比较差，加上村内留守人员多为老弱病残，出行不方便，所以村民对道路硬化、路灯照明的需求比较强烈。

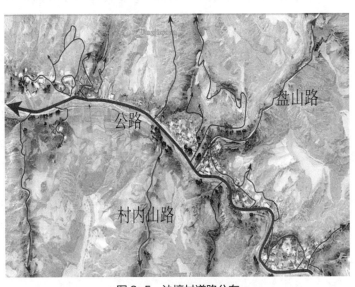

图 2-5　沙壕村道路分布

（西北工业大学葛宇等提供，2017 年 4 月）

（二）饮水、排水

2017 年，沙壕村的帮扶单位中国人民对外友好协会，帮助沙壕村建设了饮水工程，彻底解决了沙壕村饮水困难，实现了自来水入户。

村庄没有排水设施，大部分农户生活用水随意倾倒，少部分农户有排水明沟，污水流入附近低洼处，雨水沿路排入村庄周边洼地。夏天洪水到来，村内两条河流爆满，沿河周围村民院落容易遭到洪水袭击。

（三）建筑、环境

村庄依山而建，沿道路由西向东 4 个自然村建设片区基本联通。全村建设总用地 7.12 公顷。全村共有村民住宅 210 处，按照建筑质量分为好、中、差三个等级。质量好的多为 2000 年之后建设的，砖混结构，共有 19 处；质量中等的多为 20 世纪 80 年代后期建设的，建筑年限 25 年以上，多为砖木或土石结构，很多已经存在一些质量问题，个别需要加固处理，共有 130 处；质量较差的多为 20 世纪 80 年代之前建的，土窑、砖窑居多，房屋破损和安全隐患多，共计 13 处。[①]

村庄建设没有统一规划，村内缺乏公共活动场所，公共空间无硬化，生土、杂草丛生，垃圾乱堆乱放，卫生条件差。部分村民养殖牛、羊等牲畜，牲畜粪便无法合理处理。村中厕所全部为旱厕，一般在院外角落，夏天气味大、不卫生。

① 资料来源：山西省城乡规划设计研究院。

（四）供电、网络、取暖等

沙壕村有一台200KVA干式变压器，负责全村供电。全村每年停电30次左右。村内仅有中国移动通信网络，其他通信信号并未覆盖。村内没有互联网宽带覆盖，没有联网电脑，上网只能通过手机信号。村内卫星电视较为普及，大约90户农户都可以收看到卫星电视频道。村内集体宣传活动主要靠有线广播通知，基本全村范围内都可以听到。

村民做饭以烧柴为主，冬天取暖以烧炭为主。农户基本依靠土煤炉，烟筒连接土炕，部分使用火炕取暖。

第三节　村庄经济

一　收入总体情况

（一）收入水平

沙壕村地处深度贫困地区，受地理、气候、交通、历史等一系列条件的限制，沙壕村村民的经济收入非常低。图2-6显示，根据调查情况，按照沙壕村的常住人口计算

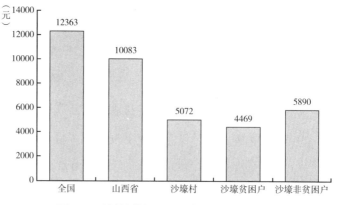

图 2-6 沙壕村村民 2016 年可支配收入对比

（平均每户 3.4 人），沙壕村的村民 2016 年人均可支配收入只有 5072 元。[①] 这远远低于全国水平和山西省水平。2016年全国农村居民人均可支配收入 12363 元，山西省农村居民人均可支配收入 10083 元。[②]

（二）收入构成

按照国家统计局统计指标的定义，居民可支配收入按照收入的来源，包含四项，分别为：工资性收入、经营净收入、财产净收入和转移净收入。沙壕村村民 2016 年四项收入构成如表 2-3 所示。

---

① 2017 年 12 月份调研了 60 户沙壕村农户，其中 30 户非贫困中有 2 户户主是退休公办教师、1 户户主是退休工厂职工。他们 3 人的退休金收入每年在 42000~50000 元之间，远高于本村普通村民平均可支配收入。在计算收入时，就舍去了这三户。

② 中华人民共和国农业部编《中国农业统计资料（2017）》，中国农业出版社，2017。

表 2-3　2016 年沙壕村村民人均可支配收入构成

单位：元

分类	可支配收入	工资性收入	经营净收入	财产净收入	转移净收入
贫困户	4469	2288	872	12	1297
非贫困户	5890	2082	2661	0	1147
沙壕村	5072	2201	1632	7	1233

从表 2-3 和图 2-7 可以看出，沙壕村村民 2016 年人均可支配收入中，工资性收入占比最大，占比 44%；其次是经营净收入占比 32%，转移净收入占比 24%，财产净收入占比几乎为 0。经营净收入又分为农业经营净收入和非农业经营净收入，其中农业经营净收入为 958 元，占到了全部可支配收入的 19%；非农业净收入为 674 元，占到了全部可支配收入的 13%。

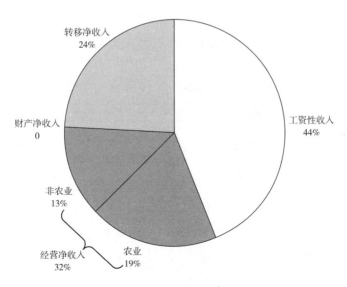

图 2-7　2016 年沙壕村人均可支配收入构成占比

沙壕村村民的转移净收入占比24%，转移性收入主要来源于：赡养性收入、低保金收入、养老金收入、报销医疗费、礼金收入和补贴收入。从表2-4可以看出，沙壕村村民转移净收入1233元中，农业补贴938元是最大来源，赡养性收入、低保金收入和养老金收入都基本相当，在300元左右。值得注意的是，沙壕村村民的礼金净支出都是负值，高达-860元，这说明沙壕村民的礼金负担是比较重的。

表2-4　2016年沙壕村村民转移净收入来源构成

单位：元

分类	转移净收入	赡养性收入	低保金收入	养老金	报销医疗费	礼金	农业补贴等
贫困户	1297	508	311	221	290	-962	929
非贫困户	1147	97	349	398	77	-723	950
沙壕村	1233	334	327	296	199	-860	938

（三）贫困户和非贫困户收入比较

沙壕村的贫困户2016年可支配收入只有4469元，占到非贫困户可支配收入5890元的76%，两者收入的绝对水平都很低，分别占到山西省农村居民2016年可支配收入的44%和58%。

1. 可支配收入来源对比

贫困户和非贫困户人均可支配收入的四项来源中，如图2-8所示，最大的差别来源于经营净收入，贫困户只有872元，只占非贫困户2661元的1/3。其他收入差别都不大，

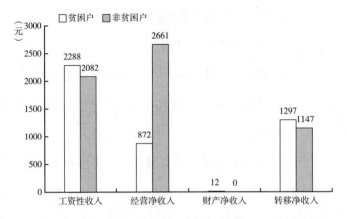

图 2-8　沙壕村贫困户和非贫困户人均可支配收入来源对比

非贫困户反而略小于贫困户收入。

2. 经营净收入对比

将经营净收入，再细分为农业经营净收入和非农业经营净收入，比较贫困户和非贫困户两者之间的差别，如图2-9所示，贫困户的农业经营净收入占非贫困户的67%，而非农业经营净收入只占非贫困户的6%。沙壕村的贫困户几乎没有任何非农业经营收入。沙壕村贫困户和非贫困户可

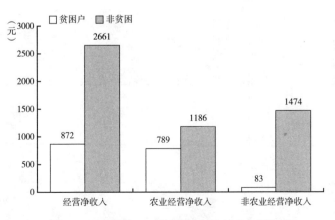

图 2-9　沙壕村贫困户和非贫困户人均经营净收入对比

支配收入最大的差距来源于非农业经营收入。

3. 转移净收入对比

贫困户和非贫困户在转移净收入总体差别不大，贫困户的转移净收入还略高于非贫困户，如图2-10所示。将转移净收入具体到各个类别，就会发现两类农户还是存在一定的收入差异。分类型来看，贫困户和非贫困户获得的赡养性收入差别比较大；贫困户报销医疗费大于非贫困户；贫困户的养老金收入低于非贫困户；贫困户的礼金负担高于非贫困户。其他转移收入如低保金收入、农业等补贴两类农户相差不多。

二 收入来源

传统的农业经济收入只占到了全部收入来源的19%，不足以支撑村庄经济。沙壕村村民最大的收入来源于工资

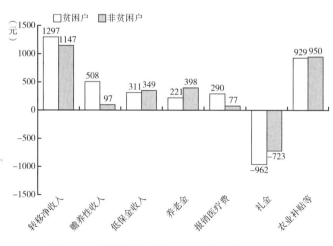

图2-10 沙壕村贫困户和非贫困户转移净收入对比

性收入（比如外出务工）和本地运输业。无法外出务工的老年人，或是家庭有老弱病残需要照顾的中年人，还是以本村农业为主要生活来源。

（一）外出务工

1. 外出务工地点、行业

全村约有 200 个劳动力外出务工，150 户 550 人举家外出。外出的 200 个劳动力中，约 1/4 的劳动力在兴县务工；1/2 的劳动力在山西省兴县外务工，比如太原、忻州等地；剩下 1/4 的劳动力多在内蒙古鄂尔多斯务工，少量的年轻人在深圳、北京务工。

务工行业主要集中在建筑业和服务业，不同年龄人群的就业分布也不同。17~30 岁的年轻人多以服务业为主，比如餐厅服务员、理发店学徒、汽车维修工等。30~50 岁的中年人多以建筑业为主，在建筑工地打工居多，也有自己在县城跑三轮、开小店的。50~65 岁的老年人无法从事重体力工作，只能在附近城区打扫卫生、看大门。沙壕村老年人外出务工的现象比较普遍，这和当地娶儿媳妇彩礼高、成本大有密切关系。

2. 外出务工收入

（1）外出务工收入低

沙壕村外出务工的多以受雇为主，务工收入也仅够维持家庭基本支出，很少有富余的。据统计，沙壕村家庭的工资性收入平均只有 5372 元。年轻的外出务工村民，尤其是未婚的，很少有把务工收入带回家的。用老人自己的话说就是：他们都不够养活他们的，不用我们补贴就好了，哪里有钱给我们呢！他们也不容易。

外出务工收入低的主要原因是沙壕村村民较低的人力资本，这主要体现在教育和健康上。

（2）务工人员受教育水平低

沙壕村 1/5 的人口是文盲，4/5 的人口受教育程度为高中以下，外出务工的人群中几乎没有从事技术工种的。受调查的 181 名 16 岁以上的人口中，技能劳动力只有 1 人。

由于受教育程度低，掌握的技能少，沙壕村村民在外务工多以打零工为主，务工时间无法保障，务工临时性强。尤其在建筑工地上打零工的，一般到了 12 月就陆续回村，一直到第二年的 3~4 月份，天气暖和了，工地上才开始有活干。一年只有 7~8 个月的务工时间，这也是务工收入很低的重要原因。还有很多年轻的父母为了孩子上学选择到县城打零工陪读，所以务工收入也不稳定。

（3）务工人员健康水平低

沙壕村村民由于长期的饮食、重体力劳动等原因，健康水平偏低。如图 2-11 所示，调查的 120 名 16~60 岁的劳动力人群中，有 13.3% 的人口部分丧失劳动力，10% 的人口无劳动能力。较低的健康水平导致沙壕村村民能获得的务工机会降低，工作的时间减少。尤其是一些年龄较大的村民，只能从事一些简单的、低体力、低技能要求的工作，如街道清扫、大门保安等工作，获得的务工收入较低。

（4）外出务工的稳定性不强

大部分沙壕村村民都会经历外出务工的过程，但是对

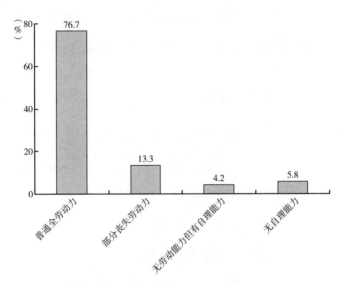

图 2-11　沙壕村 16 岁以上人口劳动力分布

于很多人来说，却不是最终的归宿。大部分外出务工人员都会陆续回到农村。这些年，每年村里都会回来 3~5 个，基本上都是 60 岁以上的老人，有的是得病了，回家保守治疗的。即使是较为年轻的务工人员，他们也像候鸟一样，在城市和农村之间来回穿梭。他们即使在城市住的时间很长，但是城市在他们眼里也不是自己的"家"，用老人的话讲"那肯定是要回来的嘛，在外面住的房子也是租的，啥都不是自己的。老了谁还要，不回来能干啥，迟早要回来。"

　　但是村里也有非常少数年轻人在外务工已经有了自己的事业，站稳了脚跟，未来也可以不回村的。村里还有一位外出的年轻女孩，身高不到一米五。她因为个子小、身体弱，在家干不了农活，就出去学理发。她刚开始当学徒，非常勤奋刻苦，在外辛苦打工 5 年后，开了自己的第一家理发店。通过几年的发展，她在太原已经开了两家连锁理发店，还在太原买了两套房子，买了车子。和她经历相似的还有一些其他人，但他们始终是极少数。

（二）运输业

沙壕村村民 2016 年人均经营净收入为 1632 元，家庭经营净收入平均为 4012 元。经营性收入中，运输业收入是比较重要的一项来源。

村庄附近的沙壕沟有较为丰富的铝矿，中铝公司在此开采运营。开采地和加工地相距约 10 公里，需要大卡车从事短途运输，所以村里经济条件稍微好一些的家庭开始发展运输业。村内大约有 15 台大型运输车。大约 10 年前，运输业刚刚开始起步，本村村主任是全村第一个带头买大车开始跑运输的，也带动了村里其他人跟着跑运输。前 5 年是运输业比较"赚钱"的时候，村主任曾描述那时候每天都在车上度过，每个月都要跑到银行去存钱。但是近些年随着开采量的下降、国家环保等管控的加强，运输业也比较惨淡，每年也就几个月有生意，其他时候可能一个月都没有一单生意。

运输业的总体收入近些年下滑比较严重。大车的铝矿运输费 15 元 / 吨，大车一次一般运输 40 吨（严重超载），扣除油费 100 元，运输一趟可以收入 500 元。但是由于铝矿开采量少，运输车辆多，每辆大车的运输次数大量减少。大车司机们最终协商，每天一车只运输一次。一个月平均只能出车 10 天，这样每辆车的月收入为 5000 元。每年只有 8 个月的开采时间，每年每辆车的总收入约 4 万元。运输收入看似很可观，但是投入也比较大。新车大约30万元，很多村民买不起新车，就买二手车14万~15万元。每年大车交强险约4000元，检车费约3000元，二手车车辆年折旧费约1.5万元，每年总支出约2.2万元。这样下来，每年的纯收入也只有1.8万元。沙壕村的运输业已经过了黄金时期，所以很多村民虽然家里有车，也不能完全指望靠车养家。他们一般居住在县城，矿上有活的时候回到村里，没活的时候就在县城打零工。

（三）农业

2016年，沙壕村村民农业经营净收入只占可支配收入的19%，靠农为生的农民已经越来越少了。但是农业对于沙壕村村民，尤其是那些无法走出村庄从事二、三产业的农民，以及年老返乡的村民来说，还是最重要的经济活动。而且，在年龄较大的村民看来，除了少数能在外稳定就业的村民外，其他大部分村民还是要回归农村，回归农业。处在深度贫困山区的沙壕村，农业以种植业为主，一些村民还从事少量的养殖业。

1. 种植业

受当地自然条件和经济发展水平的制约，农耕器械并没有普遍应用到农业生产当中，农业发展模式仍然为传统农业。种植业以谷子、玉米、土豆为主，还有少量的红豆、黑豆、核桃、红枣等。

（1）农作物产量低

伴随着村庄人员的外出务工，农产品价格的低迷，村庄耕地撂荒也比较严重。村庄耕地总面积 2480 亩，撂荒大约 1000 亩，现在只有 1400 亩还在继续耕种。村庄 2000 多亩的山坡地，只有 200 余亩平地。加上缺乏水利设施，基本都是靠天吃饭，农作物的产量也非常低，玉米的产量只有 250 公斤／亩，是平原地区的一半。尤其是 2015 年以来，农作物受天气影响大，产量非常不稳定，农业种植风险加大。具体种植面积及农作物价格如表 2-5 所示。

表 2-5　沙壕村主要农作物生产销售情况

主要种植作物	种植面积 （亩）	单产 （公斤／亩）	市场价格 （元／公斤）	村内收购价 （元／公斤）
谷子	500	200	8	3.8
玉米	400	250	1.6	1.4
土豆	500	1000	1.4	1.4

（2）农作物价格低

2015 年来，农作物的价格非常低。以谷子（小米）为例，兴县的小米质量非常好，市场价可以到 4 元／斤，但是到村里的收购价就只有 1.9 元／斤，差距非常大。很多农民 2016 年的粮食都没有卖出去。2017 年红小豆收购价只有 2.1 元／斤，2016 年为 2.5 元／斤；2016 年谷子最贵可以卖到 3 元／斤，而 2017 年谷子只有 1.9 元／斤。2017 年的黑豆收购价也只有 2 元／斤。

（3）种地是老年人最后的选择

受访的一位女性老党员，她和丈夫在外面打工 10 多年了，2016 年回到村里继续种地，种了 27 亩，粮食价格低得让她表示"心痛"。按照目前的价格如果她把家里的粮食全卖了，最多能赚 1 万多元，这还不比他们夫妻两人在外面 3 个月的打工收入。但是他们老了，在外打工管得严，时间上不自由。她自己腿疼，不能一直站着，打工的时候一个班就要一直站 10 来个小时，不让坐。丈夫耳朵听力也不好，牙都掉了，吃饭时间特别长，打工的时候集中安排吃饭时间，丈夫短时间内吃不完饭，身体也变得更差了。这些都是无法继续外出务工的原因。最主要的是他们的"饥荒"（外债）已经差不多都还了。她表示：种地只要够自己吃的就可以了，靠种地永远还不了"饥荒"。

2. 养殖业

村庄的养殖业规模不大，以散户养殖为主，主要养殖牛、羊、猪、鸡等。村里共 5 户人家养猪，共 120 头；4 户人家养羊，共 500 只；还有 30 户人家养鸡，共 700 只左右。

（1）养殖业市场风险大

养殖业最大的风险来源于市场价格波动和疾病侵袭，两者相加，农户往往赔本。王油命今年养猪赔了 3000 元，还不算自己投进去的人工成本。2017 年初买的猪娃子贵，7000 元买了 10 头小猪，中间死了一头小猪，卖的时候由于猪品种不太好，猪肉价格只卖到 7 元 / 斤，9 头猪总共卖了 15000 元。扣除购买的饲料 5000 元，自己家的玉米折算 6000 元，最后亏损 3000 元。刘喜应养猪 40 多年了，猪生病死亡的事情也仍然经常遇到。2017 年一天夜里，1 头母猪生产，生下 4 头小猪，但同一天，11 头 20 多斤的猪生病呕吐，他赶快给喂药，救活了 7 头，4 头没有救过来。他无奈地摇头，一边说，一边用手比画着：同一天，生下 4 个这么小的，死了 4 个这么大的，还是亏了啊！

2017 年春天的猪肉价格 10 元 / 斤，可是到了冬天只有 7 元 / 斤了。猪养大了即使价格低也必须卖，因为猪吃的饲料更多，而体重增加得更少。所以沙壕村的养猪村民抵御市场风险的能力极低，只能随行就市，用他们的话说：少亏总比多亏好。

（2）养殖业人工劳动强度大

养殖业比种植业人工投入更多，而且强度更大，用农户自己的话说："养猪不顶个营生。苦不重，罪重"。刘喜应夫妻俩养了 20 头猪，夫妻俩从早上 4:30 起床到晚上 21:00 喂完猪，打扫完猪圈才能结束一天的养猪任务。

表 2-6　刘喜应夫妻一天的养猪时间安排

时间	具体工作
4:30–6:00	准备早上猪食
6:00–8:00	早上喂猪、打扫猪圈
12:00–13:00	准备中午猪食
13:00–14:00	中午喂猪
17:00–18:00	准备晚上猪食
18:00–21:00	晚上喂猪、打扫猪圈

养羊收入虽然比种植业多一些，但是收入也不高。王处儿养了 82 只羊，一年下来也就是赚 1.4 万元。养羊也是非常辛苦的营生，一位养羊的老人家 68 岁了，养了 40~50 只羊。在之前政府允许放养的时候，他从早上 6 点出门，赶羊吃草，一直到晚上 6~7 点回家，一整天都是在外面度过。他说村里很多人都受不了这个苦，所以养羊的比较少。他之所以承受这些苦，也是因为儿子 3 年前娶媳妇欠了

8 万元外债。他给自己定了一个目标，每年还 1 万元，一直还到 76 岁就可以还完了。

第四节　村庄的变迁

一　教育

（一）村庄学校历史变迁

20 世纪 60~70 年代，沙壕的 4 个自然村，有 3 个自然村都有小学，后来合并成一个沙壕小学。沙壕村还曾经有过一个中学。村里学生人数最多的时候，中小学加起来有 200 多人。伴随着 1983 年开始的计划生育政策，以及 1990 逐渐开始的外出务工潮流，村里学龄儿童数量开始减少。沙壕中学在 1986 年被关闭。沙壕村的家长们逐渐认为孩子们要有出息就必须念书，而要念书就必须出去，所以沙壕村小学的学生数量锐减。随着生源数量的减少，学校经费不足，教师也难留住，师资水平下降，到 2002 年小学被撤销的时候学生就只有 10 来人。

现在村里的孩子大部分在兴县县城读书，也有少部分去杨家坡村（附近大村）的学校和 120 师小学上学。

（二）教育现状

现在的沙壕村，没有任何学校，平时看不到一个孩子，村里的学校也已经被村民借用居住。村里有 3 名退休民办转公办老教师。据他们回忆，村里几十年大概只出了 20 个大学生。村里学生初中毕业后，只有不到一半的学生能考到高中或职高，剩下的就直接外出打工了。村里有一个农户家的孩子算是"最有出息的"，清华大学研究生毕业，在北京大型网络公司上班，据说年薪有 30 万了，是村里人津津乐道的一个榜样。

沙壕村村民的整体受教育水平非常低。调查的 60 户家庭共 186 名 16 岁以上村民，其教育程度如图 2-12 所示。

被调查的 16 岁以上的村民中，近 1/5 的沙壕村村民是文盲，小学和初中学历的村民比例相当均为 30%。高中、中专、职业高中或技校学历的村民共占 14%，只有 6% 的村民具有大专及以上学历。

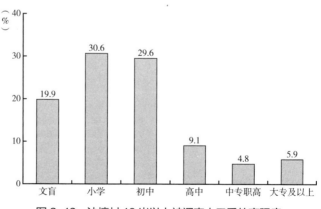

图 2-12　沙壕村 16 岁以上被调查人口受教育程度

（三）教育落后的原因

沙壕村教育落后是多方面因素导致的，既有主观教育观念问题，又有客观经济条件限制等问题。

1. 历史观念

村民对教育的重视是后期逐渐形成的。沙壕村作为一个传统的农耕村落，祖辈都以追求吃饱为目标，在祖辈眼里"种地"才是正经事，读书写字不能填饱肚子。退休老教师刘科文回忆，在他们小的时候，父母让他们学习写字，村里人就说：不会种地，光认识几个字能干什么？但是，后来不一样了，以种地为生的村民仅仅够吃够喝，想要生活得好一些，光靠种地是不行了。尤其是当村里人看到这些老教师退休后每个月有 4000 元的退休工资，都快赶上他们一年的农业收入了，生活比种地人好了不知多少。村民们的观念一下子改变了，觉得一定要读书，才有出息。村里人现在的想法是"砸锅卖铁也要供孩子读书"。

2. 教育质量

虽然，观念有了转变，但是教育不是一蹴而就的。十年树木，百年树人。兴县作为一个贫困县，教育投入能力非常有限，教育场地设施和教师质量都是教育的短板，严重制约教育的发展。受访的退休老教师刘拖油，回忆他们当老师的时候，教的都是复式班，一个教室里有 4 个年级的孩子，从学前班到三年级，每个年级只有 2~3 个孩子，一个班里总共十几个孩子。一个老师在一间教室同时教 4 个年级，教学效果可想而知。这些乡村教师当年大多是初中毕业，在兴县教师进修学校培训一年后上岗任教，专业能力也无法和城市正规师范学院的老师相比。

3. 家庭教育

粗放甚至缺失的家庭教育也是贫困村教育落后的重要原因。虽然村民的受教育水平在逐渐提高，但是30岁以上的村民是文盲或小学教育程度的仍然占到65%，他们作为学生家长是没有能力在课业上辅导孩子的。不仅课业辅导困难，家庭教育中最重要的言传身教，也因为贫困村很多家长自身的智力、体力、认识、方法有限，导致对孩子们的正向激励严重不足。尤其是当孩子遇到一些厌学逃学问题时，家长们缺乏有效的方法和足够的耐心去教育孩子。九年义务教育是在1986年国家规定出台的，也就是说1980年以后出生的孩子都应该至少是初中文化水平。但是调查发现65位16~37岁的沙壕村村民有1/5的只有小学文化水平。受访的老教师表示：有的初中生没有念完就辍学了，在家什么也不做，大人们没有办法，只能养着。

贫困，也是阻碍村里孩子接受更高教育的重要原因。初中毕业后，很多家庭的孩子，尤其是那些家里兄弟姐妹数量多的，选择打工，也是为了减轻家庭负担。高中和大学的教育费用对于农村家庭而言，仍然是巨大的经济负担。虽然精准扶贫后，国家出台了很多教育扶贫贷款和补助政策，但是只有贫困户能够申请。大部分家庭遇到子女上大学还是要和亲戚们借钱。

二 医疗

（一）村庄医疗历史变迁

赤脚医生刘光信讲述了村庄医疗变迁的历史。刘光信，1946 年出生，不满 20 岁的时候，在县医院培训了多半年，主要学习中西医结合治疗。1966 年，他是大队里唯一的赤脚医生，当时服务 1000 多个村民。村民们的一般疾病，打针输液赤脚医生都可以看。此外，妇女生孩子、孩子的免疫接种都是赤脚医生的日常工作。村民们看病非常方便，药品价格也非常低廉。刘医生上门免费服务，每天翻山越岭，非常辛苦。赤脚医生每天记 10 个工分，虽然比壮劳力少 2 个工分，但是医生在那个年代是非常"吃香"的。村民会给看病的赤脚医生白面吃，遇到新生儿出生，村里人还会给买个红秋裤表示感谢。刘光信医生总共接生了 70~80 个孩子，红秋裤就收到了七八十条，他说自己根本穿不完。

20 世纪 80 年代土地包产到户后，农民不再集体出工挣工分了，赤脚医生也首先变成农民，要把地种好，否则自己家的粮食都无法保障。集体不再承担村民看病的成本，赤脚医生看病趋于市场化，需要通过药物利润赚取服务费用。后来外出务工的人多了，村里病人就逐渐少了。村民生孩子也不再送赤脚医生红秋裤了，而是给 100 块钱做医生的务工补贴。刘光信医生说，这在当时算是非常高的收入，因为"能吃两袋白面"。

2000 年之后，村里只剩下 300 人在村居住了，接诊数量也只有人民公社时期的 1/10。他说原来看病就是主要给孩子们看病，而后来年轻人都走了，把孩子也带走了，所以看病的人就几乎没有了。虽然留下的老年人病也多，但是老年人有病也不舍得看。刘光信医生后来就不在村里居住了，他去了省城太原，应聘到一家大型药店，坐诊当中医大夫，还广受好评。再后来他又加入了儿子在太原开的药店，最近两年因为老伴儿生病，不能再外出了，就回到兴县，在女儿女婿所在乡镇的卫生站帮忙，基本不回村居住了。

（二）医疗现状

现在村里只有一个卫生室，卫生室没有任何药品和医疗设备。村里有一个乡村医生，基本不驻村。每个月政府给乡村医生补贴 400 元，但是仅靠 400 元的补贴肯定无法生活下去。村里本身病人数量少，加上交通改善后，村民去县城就医也比较方便，所以乡村医生不驻村也是农村的常见现象。全村参加新型农村合作医疗 590 人（占总人数的 78%）。

刘光信医生说：村里老人"没钱身护钱"（没钱的时候，只能靠更多的体力劳动赚更多的钱），看病上不舍得花钱，小病很多都忍了，大病就到县医院看看，最后回家保守治疗或不治疗。刘喜应，65 岁，他的腿关节已经严重损坏，他去太原看过病，腿部关节彻底治好需要 36 万元。即使他的女儿在县医院上班，家里也无法承担这样的费用，家人无计可施。2017 年 4 月访问的一位老人之前一直在外打工，后来得了胃癌，看中医带了中药回到沙壕村。他和老伴儿多年在外打工，村里的房子都很破烂，也没有自来水。回到村子，借住在别人家里，被褥、锅碗都是村民们捐赠的。2017年12月再次调研的时候，他已经去世了，老伴儿也去儿女家居住了。

三 文化

（一）传统文艺

沙壕村在20世纪80~90年代，村里有600多村民，还有3个小学、1个中学，是十里八乡比较热闹的村子。村里每逢大型节日，比如过年，还有王家崖村庙会、沙壕村每年正月初三集会，来往村子的人都非常多。周围村庄的很多村民来赶会，村边的马路上人头攒动，一派热闹景象。这些节日一般都会有一些民间文艺表演，比如吹唢呐。那时候，村里人多，文化娱乐活动也少，所以大家都愿意摊钱请一个唢呐表演队，一起看个热闹。

可是现在村子里留下的人太少了，而且都是老弱病残，就算是过年，村庄也早已没有了从前的热闹。每年在村里的集会上，村里人想雇一个吹唢呐的班子，大概要花费3000元，每户算下来差不多20元。但就是这20元，也有的家庭交不起，或者说不愿意交。现在村里的人都可以看电视，能观看到的娱乐节目也多了，所以对这种传统表演方式的喜爱程度也在下降。村里的一位村民王拖信，53岁，他在农村红白喜事上从事拉琴的表演，是村里的文艺人。他表示现在农村办喜事都是婚庆公司承办，喜欢传统文艺表演的人越来越少了。他往年每年最少也有100多次的演出，可是2017年只出去了50多次，而且一年比一年少。他有4个儿子，可是儿子们也没有兴趣继承他的这份手艺，二儿子表示，"父亲这个活连养家活口都越来越难了"。

（二）打牌娱乐

沙壕村基本没有公共场地，现在的村委会是在原党支部书记家里修建的。村里没有村民活动室，也没有阅读室，没有书籍。村里的留守群体基本都在60岁以上，身体条件比较差，散居在村里的各个山坡上。村里连一片较大的平地都没有，所以也没有村民自发组织的文化娱乐活动。村里人除了看电视，就是两三成群地坐在一起聊聊天。老人们感叹现在找个人聊天都比较困难。

打牌是村里人重要的娱乐活动，不过仅限为数不多的人。村里人气比较旺的是一个小卖部，小卖部的主人是王小平。这个小卖部主要为村里几个人打牌提供场所和牌，零售是次要的。到了冬天，村里几个爱打牌的喜欢去这家小卖部，一是为了打牌娱乐，二是为了烤火。小卖部的主人王小平每次都从当天的赢家那里提取一定的"场地费"。这个小卖部也是年轻人经常去的地方，曾经铝矿运输比较景气的时候，村里大车司机月收入都过万，有的年轻人曾经在这个小卖部里一晚上输掉一个月的收入。在村里人眼里，另一个小卖部，王右赖开的，是真正的卖东西的地方。

王右赖的小卖部常有 4~5 个人在那里打牌，收费非常低，赢家每天给 2 元钱。小卖部主要提供场地，扑克牌，打牌的人们还在那喝点水，冬天烤烤火。这家小卖部吸引的就是村里的老年人，他们到这里打牌主要是为了打发时光。

（三）民间信仰

沙壕村的一个自然村，王家崖村，有信教传统。2017年村民集资 6 万多元自发在村里修了一座寺庙。家里经济条件不是很好的，出钱不多的就以出工代替。受访的一位村民家里条件不太好，家里出了 300 元，另外还出了 12 个工。每年农历六月十九王家崖村举行庙会，临近村庄的村民还会来参加，人数较多，比较热闹。图 2-13 是修庙集资明细。

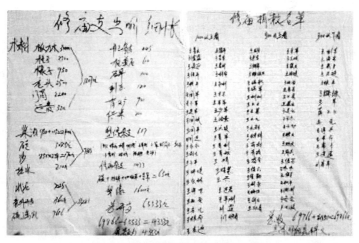

图 2-13　修庙村民集资及开支明细

（曾俊霞拍摄，2017 年 12 月）

相比人们不情愿出资请唢呐表演，王家崖村村民集资修庙都非常积极，大家"不敢不交"，怕得罪了庙里的神仙。另外很多人也觉得修庙是个好事，没事了就去庙上拜拜，图个心里踏实。

四 治安

沙壕村这些年的村庄治安比较好，基本没有出现过偷盗抢劫的情况。受访的近80%的村民都表示天黑以后一个人走路也觉得非常安全。但是附近的矿区村庄治安不是很好。矿区周围的部分村庄村民由于矿区开采得到一些补偿款，有的年轻人挥霍无度，甚至有的赌博成瘾。沙壕村的村民也惧怕这些赌博的人，尤其是到了年关，担心被偷被抢。村里受访的一半村民家里都养了狗看家，村里的小卖部也安装了摄像头。

表2-7 "在居住地，天黑以后一个人走路觉得安全吗？"调查

选择	人数（人）	比例（%）	累计比例（%）
非常安全	47	78.3	78.3
比较安全	3	5.0	83.3
有点不安全	3	5.0	88.3
不一个人走路	7	11.7	100.0
合计	60	100	

调查时，还得知村里也出过两三个坐牢的。一个村民51岁，他30年前参与了刑事案件。另一个村民不到30岁，他在学生时代打架，结果被判刑十来年。2017年他刑满后

回到沙壕村，连身份证都没有。村委会帮助办理了身份证，但是想在当地找到一份工作就很难了。

五　生活

　　深度贫困山区的人们，经过 40 年的改革，生活发生了巨大的变化，但是仍然有很多祖辈历史的沿袭。老人们的劳作仍然很辛苦，老人们对子女的付出仍然无节制，只是表现的形式发生了改变。40 年的发展也给老人们的生活带来很多方面的改变，这当中有好的，比如生活更加便捷了，村里出现了“快递爷爷”；也有让他们难以承受的，比如礼金更加贵重了，甚至超出他们的负担能力。

（一）辛苦劳作

　　在沙壕村，留守人群年龄基本都在 60 岁以上，70 岁以上双腿能动的老年人仍在务农。沙壕村耕地坡度大，无法机械化，农业劳作基本靠肩挑背扛，70 岁的老年人仍然可以背得动 80 斤的土豆。留守老人一般要种 20 亩地。老人们遇到较远的耕地，走路单程要一个小时。老年人中午也不回家，从早上天亮出去一直到晚上天黑才回来。有的老人中午在地里干活甚至连饭也不吃。

　　在农村生活，尤其是偏远的贫困村生活，家务负担也比较重。在 2017 年饮水入户之前，老人们每天要到一里之外的地方挑水。现在饮水入户，解决了老人们挑水吃的困难。老人们全年做饭、冬天烤火，都需要柴火。他们每个星期至少出去一两天捡柴火，每次出去四五个小时，背上一大捆柴火再回家。

（二）奉献后代

沙壕村重男轻女的习俗由来已久，这不仅表现为家里一定要生儿子，而且表现在对儿子的付出是无限制的。就如老人所言：一管管到底，管到自己死了就不用管了。所以，父母在儿子生活的各个阶段，在父母能力范围内，甚至超范围外，都会倾力付出。

老人补贴儿子的方式主要有实物补贴、劳务补贴和现金补贴。实物补贴的方式主要是粮食补贴，比如多种一些豆子、小米、土豆给孩子们，"孩子们在城里就可以少买一

图2-14　捡柴火的村民

（李鑫拍摄，2017年12月）

些"。劳务补贴，老人们一般会给儿子看孩子，照顾孙子女，承担家庭的照料责任。现金补贴也是补贴的重要方式，有退休金的老教师，或是农业收入较多的家庭现金补贴较为常见。即使是没有劳动能力，没有退休收入的低保贫困户，也会把自己多年的积蓄拿出来给儿子。几种补贴方式，往往组合使用，达到对儿子家庭资助的最大化效果。

王油孩，为了还三个儿子结婚的欠账，已经在外打工15年了，扫地、种花、栽树、捡垃圾都做过。

马双双，为了还两个儿子结婚的欠债，也已经在外打工10多年了。2017年马双双夫妻俩外债都还得差不多了，人也老了，在外找不到合适的工作了，选择回村种地。夫妻两人种了27亩地，为的就是除了够自己吃的外，还要多出一些继续接济儿子。

王迎兵有两个儿子，2015年分别给两个儿子建了房子，每套房子花费3万，总共花费6万元。王迎兵借了3万元的外债。二儿子一家长期在外打工，王迎兵夫妻俩就住在二儿子家。虽然两套房子都是王迎兵所建，但是在他们看来，房子都是儿子的，他们自己没有房子。

刘科文，退休老教师，有两个儿子，大儿子在河南郑州有正式工作，家庭条件比较好，不用接济；二儿子家里有五个孩子，基本都在上学，所以每年他都会给二儿子一两万块钱。

刘拖油，69岁，退休老教师。他的老伴儿在2016年去世了，就剩下他一个人在村里独居。他只有一个儿子，在县城打工，他干脆把自己的工资卡直接给了儿子。他自己需要钱的时候，就打电话给儿子。他每次要的都很少，因为在村里也花不了多少钱。

刘峁儿，69岁，退休老教师。他有两个儿子，师范毕业，都在县城学校上班。两个儿子在县城买房花了不少钱，孙子女也都在上学，儿子们家庭负担不轻。他自己种了十几亩地，除了自己和老伴儿吃的几亩地粮食外，其他粮食都用于补贴在县城工作的儿子们，有的时候也给女儿家一些。每到过年，他还会给孙子女每人2000元拜年钱用于资助他们的学业。

刘臭女，有两个儿子，都在外打工。他腿脚非常不方便，一个人独居，靠低保维持生活。他所有的补贴、低保、养老金、粮食直补、困难慰问加起来每年有五六千元。他因为腿脚不方便，捡柴火、做饭都很困难，所以他很少做饭。方便面、饼干、麻花是他的主食。几年下来，他也攒了一些钱。2015年，二儿子回家过年的时候，他还把攒下的五千元给了在外打工的二儿子。

（三）快递购物

沙壕村，这个偏远的小村庄，虽然"空心化"很严重，但是它和外界的联系依然很强，也以村庄特有的方式体现着外界发达经济形态的影子。比如村里的"快递小哥"——小卖部主人王右赖。

王右赖是村里的老党员，65岁。他年轻的时候当过4年工程兵，后来退伍回到沙壕村务农。儿子结婚的时候，他出去打工20多年，后来年龄大了回到沙壕村。他开小卖部7~8年了，每年小卖部可以赚7000~8000块钱。他的小卖部不仅在沙壕村有固定点营业，他还赶着小毛驴送快递到家，服务周围十几个村庄。

和城里的快递小哥相比，王右赖应该算是村里的"快递爷爷"，因为他已经65岁了。"快递爷爷"解决了村里留守人们的购物难题，不仅为村里人节约了时间，还提供了十足的便利。村里现在留守的都是老弱病残，这些老人们去县城购物非常不方便，坐班车去县城车费往返至少20元，还要一整天时间。他们去县城主要是买白面、油盐、洗衣粉这些比较重的东西，东西买回来还要自己背回家。县城也不接受赊账，没钱的时候肯定是买不到东西的。

相比县城购物，王右赖的"快递服务"就非常贴心了。只要老人们一个电话，他就集中送货上门，赶着毛驴每天走十几个小时，有的时候天黑才能回到家。遇到一些孤寡老人，暂时养老金没到账的，他也接受赊账。热销商品主要包括：白面、大米、方便面、麻花、饼子，还有一些洗衣粉、肥皂等日用品。他每个月有半个月时间送货，每年正月初二到正月十五是送货高峰时间，因为这个时候很多人都回村过年了。他的价格要比城里贵一点，比如一袋白面城里卖100元，他就卖103元或104元，多个3~4块钱，赚点辛苦跑路钱。

在村里做快递服务，非常辛苦，每天赶着小毛驴跋山涉水，背东西送到人家里。但是这比种地收入还是要多一倍，种地每年也就是收入3000~4000元。虽然送快递赚得多一些，但是他打算再干5~6年，干到自己70岁就不干了。

图 2-15 沙壕村的"快递爷爷"王右赖

（李鑫拍摄，2017 年 12 月）

他还设想在自己家的小卖部开一个老年人活动中心，通过提供老年活动服务，收入一些服务费维持生活。

（四）礼金贵重

兴县，红白喜事的礼金非常贵，甚至超过了省城太原，而且这种趋势还在加重。村里老年人大都 60 岁左右，他们的子女以及亲戚的子女都在结婚的年龄。就结婚而言，舅舅要行最大的礼，现在最低都要 2000 元。舅舅最先行礼，其他人再按照舅舅的礼钱依次行礼，姑姑、姨姨是 1000 元。

兴县的礼钱类别还很多，除了结婚当场上的大礼，还有结婚现场新人喝酒认亲 200 元，过年新人第一次拜年每人 200 元。这样算下来，如果老人是新人的舅舅的话，至少要行 2600 元的礼。这个年龄的老人遇到老丈人、丈母娘去世，也要出大礼。刘臭女，独居老人，无法劳动，行走非常不便。他在丈母娘去世的时候，也出了 2000 元。他觉得当年老婆不想和他过，是丈母娘劝说老婆和他继续过下去，所以丈母娘对他有恩。他虽然没钱，但是也不能没了礼数钱。村里的老人一年的红白喜事钱一般都在 2000 元左右，多得甚至 4000~5000 元。老人们说：光靠种地，连行礼的钱都不够。所以在村里，借钱行礼也是常见的。

第三章

沙壕村贫困情况

沙壕村是全国 12.8 万个建档立卡贫困村之一。截至 2016 年，沙壕村全村 245 户 755 人，贫困户 62 户 215 人，贫困发生率高达 28.5%。贫困人口在 4 个自然村分布均匀，贫困家庭人口规模大于非贫困人口，30 岁以下的贫困人口占总体的一半左右。

　　沙壕村的贫困原因复杂，包括基础设施滞后，饮水、道路、住房等建设都存在困难，直接影响了村民的生产和生活；沙壕村产业结构单一，只靠农业产业收入微薄。沙壕村无人管事，到户到人政策落实困难。村庄内生发展动力不足，村"两委"班子不健全、工作能力弱，无法带领村民摆脱贫困；村民因受教育程度低、自身获得的技术培训少，工作收入低；部分村民自身发展意愿不强，"等靠要"思想严重。

第一节　总体贫困情况

一　地理分布

2016 年，经重新核查，全村 245 户 755 人中共有建档立卡贫困户 62 户 215 人，贫困发生率为 28.5%。沙壕村贫困人口在 4 个自然村的分布如图 3-1 所示，四个自然村的贫困发生率在 25%~33% 之间，差别不大。

建档立卡贫困户在四个自然村中分布较为均匀，一方面是由于四个自然村农户经济收入水平相当，另一方面是由于评定建档立卡贫困户的时候，也考虑到了各个自然村的均衡分布问题。

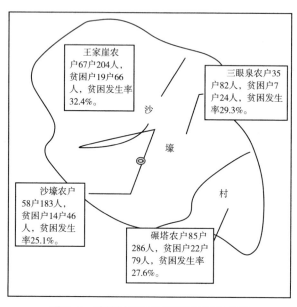

图 3-1　沙壕村建档立卡贫困户地理分布

二 收入分布

课题组根据 30 户建档立卡贫困户的调研数据，计算出建档立卡贫困户 2016 年人均可支配收入为 4469 元。

国家贫困线标准是依据人均消费支出确定的。2011年，国家大幅上调了贫困标准，2011~2020 年的农村贫困标准为"按 2010 年价格水平每人每年 2300 元"。国家统计局每年根据农村贫困人口的生活消费价格指数，对此标准逐年进行物价水平更新。至 2016 年，贫困线标准为 3000 元。

第一书记操书记提供了《沙壕村贫困户工作台账》，台账记录了沙壕村 62 户建档立卡贫困户的人均消费支出。2016 年底贫困户人均年收入分布在 1200~2700 元之间，其中分布在 1500~1999 元和 2000~2499 元的家庭数量最多，而且基本相当。

表 3-1 沙壕村建档立卡贫困户人均年收入分布

人均年收入	户数（户）	比例（%）	累计比例（%）
小于 1500 元	7	11.3	11.3
1500~1999 元	22	35.5	46.8
2000~2499 元	24	38.7	85.5
2500~2999 元	9	14.5	100.0
合计	62	100	

资料来源：操小卫提供的《沙壕村贫困户工作台账》。

三 家庭人口规模分布

62 户建档立卡贫困户，家庭人口总数为 215 人，平均每户人口 3.5 人。家庭人口规模为 1~6 人，以 3 人和 4 人家庭最多。

表 3-2 沙壕村建档立卡贫困户家庭人口规模

家庭人口规模（人）	户数（户）	比例（%）	累计比例（%）
1	2	3.2	3.2
2	12	19.4	22.6
3	18	29.0	51.6
4	16	25.8	77.4
5	11	17.7	95.2
6	3	4.8	100.0
合计	62	100	

资料来源：操小卫提供的《沙壕村贫困户工作台账》。

此外，根据百村调研的 60 户家庭数据发现，贫困户的家庭人口数量多于非贫困户家庭。30 户贫困户家庭的户均户籍人口为 4.2 人，比非贫困户家庭多 1.4 人；家庭户均常住人口为 2.8 人，比非贫困户家庭多出了 0.6 人。

四 年龄分布

沙壕村建档立卡贫困人口 215 人，年龄分布在 20~29 岁的最多，占到了 24.2%；其次是 10~19 岁、30~39 岁、40~49 岁、50~59 岁，4 个年龄组的贫困人口基本都占到了 15% 左右（见图 3-2）。

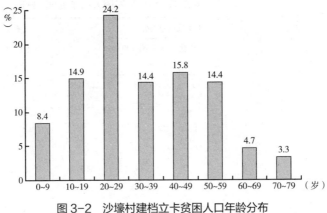

图 3-2　沙壕村建档立卡贫困人口年龄分布

　　沙壕村建档立卡贫困人口的平均年龄为 33.7 岁，相对比较年轻。这和沙壕村的贫困特征有显著关系。沙壕村的贫困人口中因病、因残、因学致贫的比例非常大，而这些人口都相对年轻。贫困是代际传递导致的，所以尽管贫困人口年龄相对年轻，但是贫困历史却是久远的。

五　农户致贫原因分布

　　《沙壕村贫困户工作台账》统计了建档立卡贫困户的首要和次要致贫原因。这些原因包括：疾病、残疾、上学，缺技术、缺资金、缺劳力，还有因婚致贫。沙壕村 62 户建档立卡贫困户中，首要致贫原因中因病致贫（19 户）、因学致贫（17 户）、缺技术（16 户）是最主要的三个原因；次要致贫原因中，缺资金（22 户）、缺技术（19 户）是比较多的原因。具体致贫原因如表 3-3 所示。

表3-3 沙壕村贫困人口致贫原因分布

首要贫困原因	主要致贫原因分布		次要致贫原因	次要致贫原因分布	
	贫困户数（户）	贫困人口（人）		贫困户数（户）	贫困人口（人）
因病	19	58	缺资金	22	73
因学	17	72	缺技术	19	75
缺技术	16	49	因病	10	30
因残	7	22	因学	7	28
缺资金	3	14	缺劳力	2	4
			因婚	1	3
			因残	1	2
合计	62	215	合计	62	215

资料来源：操小卫提供的《沙壕村贫困户工作台账》，截至2016年底统计。

沙壕村贫困家庭因病、因残、因学致贫特征突出，脱贫攻坚的任务非常艰巨。贫困户家庭中因病、因残致贫占比高，这些贫困人口健康水平低，直接导致"无业可扶、无力脱贫"。此外，因学致贫的家庭占比也很高，这些家庭子女数量多，子女教育、就业、结婚成本高，家庭经济负担重。

（一）因病因残致贫人口多

沙壕村62户建档立卡贫困户中，首要致贫原因中有19户是因病致贫，是所有致贫原因中最多的。因病致贫，因贫恶化疾病，这种贫困的恶性循环在沙壕村表现得非常典型。

沙壕村村民的健康水平普遍偏低，受调查的205人中，自报"健康"的仅占54.7%，还有33%的村民长期患有慢性病，8.9%的村民患有大病，此外还有3.4%的村民残疾。

215 名建档立卡贫困人口中，24 人患有较为严重的疾病，患病比例高达 18.1%。他们自身基本失去了劳动能力，甚至失去了自理能力，需要家人留守照看。具体患病情况如表 3-4 所示。

表 3-4　沙壕村建档立卡贫困户患病情况

疾病	人数（人）	比例（%）
心脏病	5	20.8
生活不能自理（老年）	5	20.8
癫痫	5	20.8
癌症	3	12.5
长期严重慢性病	2	8.3
肺结核	1	4.2
胃病	1	4.2
脑梗	1	4.2
腰椎间盘突出	1	4.2
合计	24	100

资料来源：操小卫提供的《沙壕村贫困户工作台账》。

沙壕村因残贫困的特征非常明显。沙壕村的残疾人既有本村的，又有从外娶进来的，还有发生意外事故比如车祸导致的。残疾不仅包括肢体残疾，还包括智力残疾。

表 3-5　沙壕村因残致贫情况

残疾情况	人数（人）	比例（%）
智力低下	5	33.3
肢体残疾	5	33.3
精神病	3	20.0
植物人	2	13.3
合计	15	100

资料来源：操小卫提供的《沙壕村贫困户工作台账》。

沙壕村村民由于历史贫困原因，本村适婚年龄女性很少愿意嫁到本村，而外村女性也不会轻易选择沙壕村，除非她们所处的村庄更加偏僻。沙壕村男性村民在巨大的婚姻压力下，只能降低对婚姻质量要求，娶不到正常人就娶有残疾的。一些不幸的家庭，孩子遗传了母亲的疾病，结果疾病和贫困都毫无保留地传递给了下一代。

沙壕村因为交通事故导致的贫困现象非常突出。据不完全估计，沙壕村遭受车祸的人数达6人，其中1人身亡，1人植物人，1人病重不愈。另外，沙壕村还有2人是驾车撞人导致对方身亡，本人家庭需要赔付大额医药费用。

（二）因学致贫人口多

沙壕村村民重男轻女的思想非常严重，每家都要生一个男孩。正如当地流传的说法：九个桃花女不如一个讨饭儿。孩子多，带来最直接的影响就是教育负担重，导致因学致贫。但是因学贫困还包括很多，不仅是学费给家庭造成经济负担，还包括子女毕业后无法就业，或低水平就业。沙壕村，多子女，尤其是多男孩家庭，更多带来的是结婚负担重，陷入婚姻和贫困的恶性循环圈。

沙壕村共有755人，245户，平均每户3.1人。如表3-6所示，建档立卡贫困户户均3.5人，而非贫困户家庭户均只有3人。

和非贫困户相比，建档立卡贫困户户均人口多，再加上患有疾病、残疾的人口多，子女受教育的多，结果导致

表 3-6　沙壕村贫困户和非贫困户人口、支出对比

分类	人口	户	户均人口	食品支出（元）	报销后医疗支出（元）	教育总支出（元）
贫困户	215	62	3.5	4674	5297	3938
非贫困户	540	183	3.0	2574	3880	1503
沙壕村	755	245	3.1	3624	4588	2721

了他们的食品、医疗、教育的总支出都大于非贫困户家庭。

　　62 户建档立卡贫困户中，有 17 户首要致贫原因是上学，其中的 13 户家庭的人口规模都在 4 人及 4 人以上。215 名建档立卡贫困人口中，有 51 名在校生（包括 11 名学龄前儿童），所处学校分布如图 3-3 所示。

　　建档立卡贫困学生中有 31 人是处于义务教育阶段，占到了总体学生数量的 60%。义务教育阶段虽然没有学费，但是家长支付的因教育产生的支出却不少。这主要是因为沙壕村里没有学校，家长只能选择在县城或乡镇租房陪读。本调研虽然没有专门搜集陪读产生的租房、交通等费用，但是可以肯定的是这笔支出对贫困家庭来说是笔不小开支。

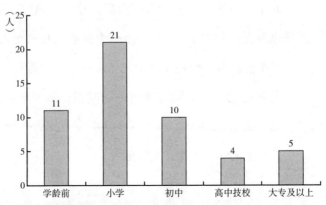

图 3-3　沙壕村建档立卡贫困户在校生（含学龄前儿童）就学分布

建档立卡贫困学生中还有 4 人处于高中、技校阶段，5人处于高等教育阶段。研究表明，中国公立高中的学费是全世界发展中国家中公立高中最高的，1 个农村高中生 3 年的学费就相当于 5 个贫困人口一年的纯收入总和。[①] 大学阶段的费用就更高了。一些沙壕村贫困农户由于孩子多，支付的学费也非常多，因此借债是很常见的事情。

刘贵林，建档立卡贫困户，5 个孩子，前面 3 个是女儿，结果第四胎生了一对双胞胎儿子。刘贵林 1969 年出生，今年 44 岁，身体有些残疾，主要和妻子在县城打工，从事卫生清扫的工作，每年收入 10000 元左右。三个女儿都在外上大学或大专，双胞胎儿子 1999 年出生，现在读高中。对于刘贵林一家来说，学费是最大支出，每年至少支出 2 万元。女儿们还比较懂事，在学校勤工助学，自己解决生活费，减轻了刘贵林很大的负担。截至 2016 年底，刘贵林家已经因教育产生了 6.8 万元外债（其中 5 万元向亲戚朋友所借，1.8 万元是教育局的助学贷款）。

王保平，5 个孩子，前 4 个都是女儿，最后生了 1 个儿子。王保平夫妻二人在内蒙古建筑工地打工多年，全家也都在内蒙古生活。5 个孩子中虽然只有三女儿在读高三，马上要高考，但是累计十几年来孩子们的教育开支非常多，尤其是三个孩子同时读高中的时候，每年学费就要 1.6 万元。截至 2016 年底，王保平还有 4 万元的外债。如果三女儿考上大学，学费开支将更大。

---

① Chengfang Liu, "Development Challenges, Tuition Barriers, and High School Education in China," *Asia Pacific Journal of Education* 9 (2009).

第二节　沙壕村贫困原因

沙壕村村民面临着多元贫困状态，他们的基础设施、住房、医疗、教育等方面均十分落后。沙壕村的贫困特征显著，不仅有历史客观因素，还有人为发展因素。基础设施滞后，村民饮水都存在困难，道路、住房等条件严重制约了村民生产发展和生活改善。产业结构单一，农业资源贫瘠，农业经营水平低，收入微薄。沙壕村无人管事，政策宣传落实不到位，村民政策申请困难大。村庄内生发展动力不足，村党支部软弱涣散，村"两委"班子能力弱，村民自身发展能力和意愿不强。

一　基础设施落后

沙壕村的基础设施建设落后是导致沙壕村贫困的重要原因。基础设施中水、路都是制约沙壕村村民生活富裕的主要因素。

饮水困难是沙壕村民面临的最大困难，历代沙壕村村民都是挑水喝。沙壕自然村的人喝水要到一里地之外的小井挑水。王家崖村的人要到村里一口集中水源处挑水。井水的水质已经遭到了污染，村民说可以闻到一股臭味。水源质量差，对村民的健康构成了直接威胁。兴县扶贫办早年为沙壕村修建过两处蓄水池，一处位于村庄入口处，一处位于沙壕村和碾塔村交界处。两处蓄水池规模都比较小。

对于留守的老人来说，取水是最大的困难。取水距离远，而且道路崎岖不平，尤其是雨天，更加无法行走。饮水困难不仅加重了村民的劳作负担，也限制了他们发展副业。村民刘喜应，年轻的时候，自己做过豆腐，也做过砖，在附近村庄销售。生产所需要的水全部靠他肩挑到家里，一天挑水40多趟，走几十里路叫卖，做了二十来年，身体损伤很大，膝盖严重变形，无法再继续坚持了。

沙壕村村道是中铝公司为铝矿加工运输修建的。过往大车非常多。这些运输铝矿的大车严重超载，安全隐患非常大。沙壕村先后有6名村民遭遇交通事故。沙壕村4个自然村内是泥土路，路面狭窄崎岖，"断头路"比较多，路网不畅，无法形成循环，车辆难以通行。农户之间的道路无法做到硬化，村民日常出行只能步行，村内留守老人多，出行安全隐患大，尤其是遇到下雨下雪天，坡大路滑，更加危险。道路不畅也影响了村民的农业生产。村民生产所需的种子、农药、化肥，以及农产品不能依靠车辆运输，只能依靠人力或是牛车。农业生产不仅效率低，而且村民从事农业生产面临的危险大。

二 居住条件较差

沙壕村村民居住环境，包括住房、厕所、生活垃圾，都需要改善。尤其是住房，直接影响到沙壕村村民实现2020年"两不愁、三保障"的脱贫目标。

沙壕村共有住宅 210 处，根据山西省城乡规划设计研究院的评估，只有 19 处质量较好；其他 130 处建筑年龄 25 年以上，部分需要维修和加固；还有 13 处是建筑年龄在 40 年以上的土窑、砖窑，质量较差，这些危房需要重建。调研中发现有个别年老的贫困户独居在土窑中，这些土窑已经被列为"地质灾害多发地"，非常危险。

此外，沙壕村村居环境也有待改善。大部分村民家中都没有卫生厕所，垃圾乱堆乱放，生活用水随意排放，卫生意识薄弱。

三 产业发展困难

沙壕村村内产业结构单一，基本仅依靠农业，农业资源贫瘠，生产经营水平低，缺少优质化农产品，农业收入微薄。

（一）农业资源贫瘠

沙壕村属于沟壑地形，全村可耕种的土地中坡地 2000 余亩，平地仅 200 余亩。坡地机械设备无法耕种，农作物全靠肩挑背扛。沙壕村农业基础设施建设落后，水利灌溉匮乏，基本靠天吃饭。全村可以灌溉的土地面积不足全部土地面积的 1%。缺乏有效的农业灌溉设施和条件，沙壕村农业承担的气候风险非常巨大。2015 年，天气干旱，农作物大面积减产，加上玉米收购价格下降，扣除种子化肥等费用，村民种粮几乎赔钱；2016 年，强降雨导致山地滑坡，平地被洪水冲毁，农作物受灾严重，种植收入极低。

表 3-7　沙壕村土地经营及农业利润户均情况

分类	自有旱地（亩）	经营旱地（亩）	农业经营收入（元）	农业经营支出（元）	农业经营净收入（元）	农业经营利润率
贫困户	18	15	3893	1685	2208	56.7%
非贫困户	15	12	3969	1434	2535	63.9%
沙壕村	16	13	3931	1559	2372	60.3%

如表 3-7 所示，沙壕村家庭户均自有旱地 16 亩，家庭户均经营旱地 13 亩。由于无法灌溉和机械化操作，沙壕村民粗放种植的比较多，播种后收成就靠天。户均农业经营收入 3931 元。农业经营的户均投入为 1559 元，农业利润率仅为 60.3%。如果遇到大旱大涝，则入不敷出。虽然大量农户外出务工，土地无人经营，但是由于土地收益微薄，全村大概只有 10 户流转土地，流转土地面积约 100 亩，而且是无偿流转，全村撂荒土地 600 亩左右。

（二）农业经营水平低

沙壕村农民从事农业经营的水平也较低，这主要体现在村民经营技术低、经营规模小、抵御市场波动能力弱。

沙壕村留守村民受教育程度低，专业种植养殖的知识匮乏，科学的种植养殖培训缺乏，基本都是凭经验，认为"种地嘛，人人都会，没啥技术"。由于村庄地处偏僻，获得专业的技术服务难度大，尤其是养殖业，农户因牲畜感染疾病不能及时救治引发的损失巨大。

种植业粗放经营，没有规模化的优良土地，也没有特色性的农产品。养殖业分散经营，全村牛、羊、猪、鸡等，均为各家各户单独经营，没有专业的合作组织，没有市场集体谈判的能力，受疫情灾害严重，养殖户不赢利反亏损的现象多发。农牧产品没有很好的销售渠道，大部分都是依靠个体户上门收购，导致收购价格随市场行情波动很大，村民的收入得不到保障。全国对外友协的第一书记表示很难在现有村民中找到有专业管理、经营能力的村民，能够胜任未来养殖场的经营管理。

对比表 3-7 所示贫困户和非贫困户的土地经营，发现贫困户的土地自有规模和经营规模大于非贫困户，这是由于贫困户家庭户均人口多于非贫困户家庭。但是贫困户的户均农业收入却低于非贫困户，农业经营支出高于非贫困户，农业经营利润率为 56.7%，低于非贫困户 7.2 个百分点。贫困户虽然土地经营面积多，但是由于自身健康条件差、教育水平低，对土地投入的劳动、技术低，土地的产出效率低于非贫困户。

四 政策落实不精准

进入精准扶贫阶段，国家首次将贫困单元瞄准到户到人，将扶贫政策落实到户到人。精准扶贫最基本的定义是扶贫政策和措施要针对真正的贫困家庭和人口，通过对贫困人口有针对性的帮扶，从根本上消除导致贫困的各种因素和障碍，达到可持续脱贫的目标。精准识别和精准扶持都是精准扶贫的难点。沙壕村也存在这样的困难。

长期以来，沙壕村没有足够的管理力量能够解决贫困人口的信息采集、贫困识别、精准帮扶问题。前任党支部书记在乡镇开办餐饮业，村主任以运输业为主，他们基本都不住村生活（村主任在第一任第一书记到达后，开始长期住村生活）。沙壕村没有正式的办公场所，村"两委"也不安排成员坐班工作，村民办事找人都困难。

村庄信息公开程度低，精准识别瞄准度低。虽然有很多扶贫政策，但是沙壕村管理者对政策的宣传不到位，有的政策福利据为己有或赠送亲友，政策实施到村严重走样，导致干群关系紧张。最初建档立卡贫困户的选举没有严格执行评选标准，有的入选家庭在外地有房、有车，这导致了村民极大的不满。

村民自身获取政策信息、申请政策困难。沙壕村80%的村民受教育程度仅为初中及以下，20%的村民为文盲。村庄建档立卡贫困户的受教育水平更低。建档立卡户中长期患慢性病、患大病、残疾的家庭占比高。贫困人口基本没有可利用的信息网络交流平台。村民外出办事需要乘坐公交，每天只有一趟公交，往返路费20元。这些贫困家庭外出村庄的交通成本高，外出困难大，对接政策难。

贫困家庭获得精准扶持的困难大。精准帮扶要求根据每个贫困户的致贫原因、可用资源和需要而因户施策。国家根据贫困户的特征提供了多样性的贫困政策，包括医疗、教育、产业、金融等帮扶政策。沙壕村贫困家庭对各种政策的知晓率低，即使在获知政策后，各种政策需要提供的书面材料等都是村民难以自身完成的。

五　内生发展动力不足

沙壕村陷入贫困虽然有基础设施落后、产业发展困难等客观因素，发展所需的"人"的主观因素也是非常重要的。首先没有好的村"两委"班子，没有好的"领头人"；其次，村民自身发展的能力不强，村民自身受教育水平低、技能技术少，工作收入低；最后，村民自身发展的意愿低，尤其是随着外界帮扶力度的增加，自身发展意愿反而降低。

（一）村"两委"班子工作能力弱

沙壕村不仅是贫困村，同时也是党组织软弱涣散村。长期以来，村"两委"工作基本处于瘫痪状态，根本无法带领村民摆脱贫困。

前任村党支部书记任职十多年来，不仅没有服务村集体和村民，反而利用职务之便侵占集体利益和村民个人利益。据受访的老人们表示，早在十几年前，前任党支部书记承包了政府下达的饮水入户工程，结果偷工减料，铺设管道非常浅，第一年冬天饮水管道就被冻裂，从此各家各户都无法再使用。前任书记在任期间，大力发展自己宗族党员，引起村庄之间的矛盾。2016年5月，前任书记被村民集体上访举报罢免。

沙壕村党支部共15个党员，50岁以上的12名，老龄化严重；长期住村的仅 7 名，党组织活动长期无法正常开展，党的纪律涣散，没有凝聚力。村"两委"矛盾突出，"两委"班子不团结，工作软弱无力，基本处于无人管事、无人办事工作状态。沙壕村没有任何合作经济组织，没有集体经济，无钱办事现象突出。

（二）村民自身发展能力不强

沙壕村因为残疾、疾病等不可逆原因造成的贫困是非常显著的，但是不可否认，还有更多的贫困户是身体健康，具备劳动能力，但是自身缺少技术。62 户建档立卡贫困户中，首要、次要致贫原因中，分别有 16 户、19 户是缺技术导致贫困。

贫困人口的受教育水平低，如图 3-4 所示，164 名非在校的建档立卡贫困人口中，只有 9 人是高中、技校学历，8 人是大专及以上学历；其他都是初中及以下学历，其中最多的是小学学历，有 97 人。教育水平低，在很大程度上代表了他们所掌握的知识和技能水平低，只能从事低技能要求的简单体力劳动，直接导致了他们的务工收入也很低。

62 户建档立卡户中有 20 户主要劳动力基本是长期外出务工，但是他们的人均纯收入也只有 2105 元。如表 3-8 所示，他们和常住本村的贫困家庭相比，家庭人口规模相当。他们长期在外务工，但是他们的务工收入，和常住本村的家庭相比，人均纯收入只多出 155 元。这说明，低教育水平、低技能水平的农村家庭，即使长期外出务工，也很难脱贫。

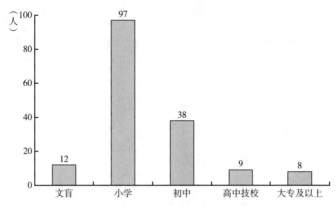

图 3-4　沙壕村建档立卡贫困户非在校生受教育程度

表 3-8　沙壕村建档立卡贫困户常住户与外出务工户对比

类别	纯收入（元）				人口（人）	户数（户）	户均人口（人）
	均值	方差	最小值	最大值			
常住本村	1950	460	1200	2700	148	42	3.5
外出务工	2105	267	1610	2530	67	20	3.4
合计	1998	416	1200	2700	215	62	3.5

（三）部分村民自身发展意愿不强

　　沙壕村是一个深度贫困村，地处兴县深度贫困区。政府组织扶贫开发工作30多年来，沙壕村村民一直是受助者，部分村民无形中形成了"等靠要"的思想，不可否认，沙壕村有很多困难贫困户，只能依靠政府兜底救助。但是，更多贫困户是可以通过政府帮助实现自身发展的。

　　村民的自身发展意愿随着外界帮扶力度的增加呈现下降趋势。尤其是全国对外友协，作为中央单位，定点帮扶沙壕村之后，村庄的贫困面貌发生了巨大改变。村民把发展的第一希望逐渐转移到了帮扶单位身上，遇到困难首先想到的是要得到帮扶单位的帮助，而且是免费无偿的帮助。

这种思想，也导致了沙壕村贫困户和非贫困户之间的矛盾加深。这也是精准扶贫以来的普遍问题。[①] 精准扶贫将贫困单元首次精确到户，相应的扶贫政策也精确到户，导致贫困户的收益明显大于非贫困户。但是在沙壕村这样的深度贫困村，村民的收入普遍偏低，贫困户和非贫困户的区别不大。尤其是一些边缘贫困户，收入不高，扶贫政策也享受不到，导致他们的满意度是最低的。

而这种思想和村庄内部矛盾，又反过来影响了村庄的整体发展。村庄的发展不仅要依靠贫困户，也要依靠非贫困户。村庄发展的利益不仅贫困户要分享，非贫困户也要分享，这样村民利益才能达成一致，村民行动才能统一。

① 刘司可：《扶贫资源分配和贫困退出中的矛盾及其化解——基于湖北陈村贫困户和脱贫户的调研分析》，《当代经济管理》2015年第3期。

第四章

第一书记帮扶沙壕村实践

2015 年，全国对外友协开始定点扶贫兴县。同年，中央印发《关于做好选派机关优秀干部到村任第一书记工作的通知》，在全国 12.8 万个建档立卡贫困村"全覆盖"选派第一书记，规定中直单位至少选派一名第一书记。全国对外友协高度重视第一书记选派工作。2015 年，全国对外友协派出办公厅科级干部操小卫同志担任兴县蔡家崖乡沙壕村第一书记；2017 年派出了机关党委科级干部李鑫同志接替操小卫同志继续担任沙壕村第一书记。

沙壕村第一任第一书记，操小卫，男，1979 年出生，本科学历，下派前在办公厅工作，科级干部。2015 年 12 月起在沙壕村担任第一书记，驻村帮扶近两年。第二任第一书记，李鑫，男，1983 年出生，研究生学历，下派前在机关党委工作；2017 年 8 月正式接替操书记，担任沙壕村第二任第一书记。两位书记都是军人出身，也是农村家庭出身，并且在工作单位表现非常突出。这是单位选派第一书记非常看中的干部特点，奠定了第一书记在偏远艰苦的沙壕村开展扶贫工作的个人基础。

两任书记所处的扶贫阶段不同，本人的做事风格也有很大的不同。操书记到达沙壕村的时候，村里连自来水都没有通，他集单位优势和当地政府资源，开展沙壕村村庄基础设施建设、村民住房等环境改善。针对沙壕村因病、因残、因学等致贫人口，操书记在精准识别的基础上，公平分配扶贫资源；精准落实各项扶贫政策，提高扶贫资源配置效率；并给予贫困户物质和情感的慰问。操书记争取单位资金，新建沙壕村大型养殖场，开展产业扶贫，努力改变沙壕村产业单一的局面。

操书记驻村结束时，沙壕村的基础设施有了很大进展，村民也得到了很多资助和关注，村民自身脱贫意愿反而降低，村"两委"的组织建设和工作能力有待加强。李书记接任后，扶贫同扶志、扶智相结合，集党政工作经验重点开展沙壕村村民内生发展动力建设。李书记通过加强党组织建设、巩固村民自治机制、提升村民发展意愿等多项举措，全面激发村庄内生发展动力。

两任第一书记作为驻村扶贫的最终代理人，始终严格坚持驻村，扶贫工作努力，责任心强。在不同的扶贫阶段，面对不同的扶贫问题，两任书记做出了不同的解决办法，实现了驻村帮扶工作的连续性，体现了第一书记扶贫制度的长效性。驻村帮扶3年来，千年沙壕村的贫困面貌取得了根本改变。随着帮扶力度的增大和内生发展动力的增强，沙壕村的改变将越来越大。

第一节　加强基础设施和居住条件改善

　　沙壕村的基础设施建设严重滞后，严重制约村民改善生活、发展生产。加强村庄基础设施建设，改善村民居住生活环境，满足村民饮水、住房等最基本的需求，是首任第一书记面临的最大问题。操书记驻村后，通过召开民主会议和入户调查，了解民意，确定了自己的首要任务就是要积极争取所在单位和县乡政府的资金支持，改善村庄基础设施和村民居住条件，为村庄发展奠定基础。获得资金和项目的同时，第一书记认真组织实施，解决贫困村"无人办事"的难题，保障项目最终质量和农户最终受益。

一　争取资金项目

　　兴县是国定贫困县，随着精准扶贫战略的实施，扶贫资源和政策逐渐下放。扶贫项目自上而下分配，分配权力主要集中在县级层面。村庄申请力度也在很大程度上影响了项目的分配。而目前的扶贫项目多以村庄申请和上级考核的互动模式进行，有关扶贫项目的信息也是更多地通过村庄人员和政府干部的非正式关系传播。[①] 相比本村"两委"负责人，第一书记更熟悉项目的申请流程及材料的准备，更知晓扶贫政策，同时作为个人专职型扶贫干部，第一书记也有更多的工作积极性争取各种扶贫政策资源，并最终落实到村到户。

在操书记到来之前，沙壕村村民饮用的是井水或渗出泉水，水源没有卫生保障，且取水距离远，留守老人取水困难。由于没有实现自来水入户，一些农户想在家里发展一些副业也受到了极大限制。村民外出务工生活，不愿回到村里生活，一个重要因素也是因为饮水困难。

解决饮水困难是操书记驻村后的首要扶贫目标。他独自花了3个月时间反复寻找优质稳定水源，通过细致比较分析，终于确定最终水源。他写了详细调研报告，向所在单位全国对外友协申请专项资金56万元，同时也向县水利局申请20万元，合计76万元用于饮水工程。为了给贫困户家庭增加一些劳务收入，操书记改变工程全部由施工队承包的方式，将饮水入户的末端管道铺设选择权交给家户个人。有劳动能力的家户，可以选择自己承担，节约下的施工费将补助给家户本人；没有劳动能力的，可以免费聘请施工队承担。操书记驻村不到一年，沙壕村终于实现了自来水进村入户，彻底解决了人畜饮水问题。

自来水入户不仅大量节约了村民取水成本，也为村民发展生产提供了基础条件。此外，有十几户常年外出的家

① 杨芳：《驻村"第一书记"与村庄治理变革》，《学习论坛》2016年第2期。

图 4-1　饮水入户工程现场

（操小卫提供，2016 年 1 月）

庭，也回到村庄，将自来水引入户，为今后回村生活生产做准备。沙壕村周围村庄，还有临近乡镇的村都没有实现饮水入户，这些村庄的村民都非常羡慕沙壕村，来了一个第一书记，喝上自来水了。自来水入户提升了沙壕村村民生活的幸福感和荣誉感。

沙壕村村级公路两侧都是黄土，遇到下雨下雪天，道路泥泞，车辆打滑；遇到刮风天，黄沙漫天，影响出行安全。第一书记争取到县环卫局和所在单位 20 万元经费支持，栽种苗木 4600 余株，完成村级公路两侧绿化工程。此外，县移动通讯公司的移动通信覆盖工程，为沙壕村新建通讯铁塔 1 座，加强了村庄通讯信号。

操书记驻村前，村"两委"办公基本设施匮乏，连一间会议室都没有。第一书记驻村后，向县组织部门申请专项资金用于改造村委院落，改造出了一间小型活动室、一间村委办公室。这些基本办公场所保证了村"两委"日常学习、会议所需。

操书记还积极争取针对农户的政策，保障他们的住房安全，改善他们的居住环境。2016年，沙壕村获得贫困户危房改造9户（县城建局出资）、厕所改造91户（县城建局出资）。全村厕所都得到了改造，卫生环境大大提升。

二 组织实施项目

贫困村不仅面临"无钱"办事，还面临"无人"办事。扶贫项目真正落实，贫困农户真正受益，不仅需要第一书记争取资金和项目，还需要第一书记组织实施，让资金和项目真正落地，解决"最后一公里"难题。

税费改革之后，我国农村公共品主要采取项目制的供给方式。项目制在向下"委托"项目时，项目管理技术能够较好地解决项目"监督"问题，却陷入对代理人的"激励"不足困局。当地方政府和基层组织不能被调动起来参与项目和公共物品落实，就会发生项目"进村"困境，造成国家供给农村公共品的"最后一公里"难题。[①]沙壕村也曾经获得过很多扶贫项目。据村民反映，几年前政府为村民免费栽种的核桃林，由于前期栽种、后期养护都无人监管，存活率最终只剩下1/3。

沙壕村虽然获得了很多扶贫项目和资源，尤其是操书

---

① 桂华：《项目制与农村公共品供给体制分析——以农地整治为例》，《政治学研究》2014年第4期。

记到村后，积极争取单位和县乡政府的资金与项目，但是项目从上到下，从启动到落实，都需要一个最终代理人能够将项目真正落地。第一书记，作为村里的专职扶贫干部，将扶贫项目积极转化为扶贫产出，是他们最大的工作积极性。相比第一书记，村"两委"工作积极性和工作能力都明显不足。多年来，沙壕村"两委"矛盾突出，党组织软弱涣散，工作机制不健全，服务群众意识淡薄，已经基本失去了群众信任基础。单纯依靠村"两委"，扶贫项目的组织实施都会面临很多困难。

操书记驻村后，工作任劳任怨，积极踏实，他自己带头干，群众才能跟着干。饮水入户工程历时10个月，操书记几乎每天都在工地上，监管工程整体进度，保证工程质量。操书记很快获得了群众的信任和支持，带领开展工作非常顺利。在村庄年轻劳动力都外出的情况下，操书记号召广大留守村民积极参与建设，亲自组织管理了几个大型扶贫项目：村级饮水入户工程（历时10个月）；村级公路两侧绿化（每天用工40~50人，耗时半个月之久）；核桃林栽种（每天用工60人）；厕所改建（个体出工91户）。

在课题组跟随操书记入户调研时，操书记每到一家，就会打开水龙头，查看水质和出水量，询问农户饮水供应情况。路过村级道路时，他也会查看一下道路两侧树苗生长情况，发现有的树苗缺水，会告知村道护卫工人，及时灌溉。从中可以看到，第一书记有强烈的工作责任心和积极性，将项目真正落地，将项目收益长期化。

图4-2　村民出工参加村级道路绿化

（操小卫提供，2016年4月）

　　贫困户通过参加这些扶贫项目，获得了直接收入或补贴，如村级道路两侧绿化工程，参与贫困户获得劳务收入约1000元，全村共获得劳务收入10万多元；危房改造，每户获得政府补贴14000元；栽种核桃经济林80亩，贫困户和非贫困户分别获得每亩600元和450元补贴，全村共计约40万元；改建厕所全部免费，每户节约大致1600元。

第二节　落实精准扶贫政策

　　2013年底，中央提出精准扶贫方略，首次将扶贫单元瞄准到户。精准扶贫、精准脱贫首先要做到扶持对象精准，其次要根据贫困户不同的致贫原因，实施不同的救助政策。首任第一书记操书记开展大量的调研走访，将自己融入村庄，变成"半个村里人"，解决信息不对称问题，才可能获取真实的信息；又以"外界人"的身份保持中立的态度，识别出真正的贫困户，公平分配扶贫资源，并为他们提供精准的扶贫措施，实现扶贫资源配置有效性。

深度贫困村庄"空心化"严重，村民不仅面临物质贫困，还面临情感贫困。操书记不仅需要加强村庄物质基础的建设，还需要加强村民情感基础的建设，让村民体会到政府和党的关心，树立发展的信心。

一　精准识别

村里扶贫工作，是一种资源和利益分配。建档立卡贫困户，可以享受大量的扶贫政策和资源。村庄内部管理人员很难跳出家族、宗族等利益关系网，多将建档立卡贫困户的确定视为一种权力寻求某些利益交换，犹如低保名单中出现"人情保""关系保"等。[①] 第一书记作为外来人员，立场更加公立，能够更精准地识别出村里贫困户，提高贫困户的瞄准度，实现扶贫资源的公平分配。

操书记到村后花了2个月的时间走访群众，完成了沙壕村的调研报告，熟悉掌握了农户基本情况。他协助县扶贫办调查建档立卡贫困户收入、消费、资产、教育和健康等

---

① 陈国申、唐京华：《试论外来"帮扶力量"对村民自治的影响——基于山东省S村"第一书记"工作实践的调查》，《天津行政学院学报》2015年第6期。

多个维度的实际情况，建立了《沙壕村贫困户工作台账》，详细记录了贫困户的家庭信息、致贫原因和帮扶措施。

操书记协助村"两委"召开全体村民大会，规范会议流程，组织村民开展讨论，严格按照山西省扶贫"八不进"标准，[①] 退出清理了9户贫困户。同时，结合沙壕村因病因残致贫突出的特点，他还提出了本村贫困户识别参考标准：一看房、二看粮、三看有无读书郎、四看有无病快快、五看有无残智障、六看水电路通不通。

通过严格评选标准，公开评选过程，民主评选结果，最终选出的贫困户名单得到了村民的一致认可，增加了村民对村干部的工作认可度。

二 精准帮扶

精准帮扶是要在精准识别的基础上，根据每户的致贫原因，对症下药，实现扶贫资源的有效配置。由于建档立卡贫困户致贫原因的多样性和差异性，精准扶贫需要有高度的针对性，需要因户因人制宜地采取扶持措施。第一书记常年驻村，对每家每户的情况都非常了解；通过参加培训会议以及日常工作交流等，第一书记对扶贫政策也非常熟悉；加上第一书记有专职扶贫工作的责任心和投入度，

---

① 山西省扶贫"八不进"标准：1. 家庭成员有人在行政事业单位工作，属财政供养的农户；2. 村干部家庭没经上级组织认定的农户；3. 家庭有楼房，在城镇购买商品房或高标准装修现有住房的农户；4. 家庭成员有小轿车的农户；5. 家庭拥有工程机械及大型农机具从事有偿经营服务的农户；6. 长期雇用他人从事生产经营的个体经营户经营公司的农户；7. 子女完全具备赡养能力，分户居住，无慢性病大病的农户；8. 举家多年在外打工不归的农户。

这些都非常有助于第一书记能做到真正的"精准扶贫"。

操书记根据 62 户建档立卡贫困户的致贫原因，帮助他们精准获得各种扶贫政策。截至 2016 年底，沙壕村 62 户建档立卡贫困户，因学致贫 23 户享受到教育帮扶，因病因残致贫 20 户享受到医疗帮扶；9 户实施了危房改造，5 户无法依靠产业扶持和就业帮助脱贫的家庭实行政策性保障兜底。此外，还有 60 户贫困户享受到种植养殖业的政策帮扶，县政府为 33 户农户提供了免费劳动力培训，为 12 户农户提供了免息金融贷款（见图 4-3）。

对一些特殊困难的贫困户，操书记为他们积极寻求各种渠道的帮助。操书记对因病因残致贫的村民加大医疗救助、临时救助、慈善救助等帮扶力度。操书记帮助车祸被撞成植物人的刘永林申请民政救助。操书记在单位资助下，利用自身社会网络资源，帮助一个患有家族性心脏病的家庭到北京知名医院做免费基因检测。针对一些因学致贫的家庭，操书记为他们积极争取落实各种教育补助、援助政

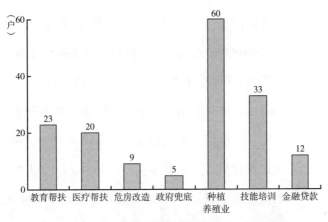

图 4-3　沙壕村建档立卡贫困户享受各种扶贫政策数量

策。他帮助三名贫困大学生申请获得了教育扶贫资金。通过协调当地学校，他帮助一位年仅6岁的贫困小学生获得免费寄宿学校资格，解决了小女孩无人看管的难题。他为一位患慢性病的贫困户初中毕业生申请技校入学资格，帮助她获得专业技能学习机会。针对一些有劳动能力且家庭照料负担重无法外出就业的贫困人口，操书记与村"两委"协商，为其中特别困难的2个家庭提供了村内打扫卫生的公益岗位，他们每月获得固定工资800元。

三　走访慰问

沙壕村，不仅面临物质贫困，同时也面临精神贫困。操书记坚持驻村帮扶开展一系列的扶贫项目，操书记所在单位重大节日的走访慰问，以及操书记平时对村民的生活和情感关怀，都体现了党和政府对贫困村民的关心。

全国对外友协领导多次前往沙壕村调研走访，慰问贫困户。重大节假日，操书记争取单位资金为农户选购面粉、油等慰问品折合人民币39000多元，为贫困户累计发放慰问金14600元。此外，沙壕村村民还陆续得到了过冬棉衣、太阳能手提灯、拐杖（购买中）等慰问品。

比起物质贫困，村里的留守老人更不能忍受的是情感贫困。村里留守老人的子女常年在外打工，很少回家。平时走在村里，几乎看不到一个年轻人。老人们感叹：在村里，想找个说话的都难。操书记从北京下派来到沙壕村，他喜欢"没事就到村民家走走串串"，到村民家里拉家常聊聊天。他对每家每户的情况了如指掌，这也为精准扶贫奠定了工作基础。他和村民的日常交流增进了他和村民的感情，村民也对他增加了了解，对他的工作更加支持。村民们说，村里现在人都走了，连个说话的都难找，操书记是从北京来的，他到我们家坐坐，和我们说说话，我们都非常高兴。村民觉得有第一书记在，村庄就有发展，村庄凝聚力大大加强。

第三节　坚持产业扶贫

操书记驻村一年来，加强村庄基础设施建设，改善农户居住条件，开展精准识别，为建档立卡贫困户提供精准帮扶政策。这些扶贫措施从根本上改变了村庄的贫困面貌，为村庄的发展奠定了一定的基础。村庄持久发展还需要有一定的产业，产业扶贫是根本。操书记希望能通过产业扶贫为沙壕村带来持续发展动力。

沙壕村村内产业基本只有农业，农业土地、灌溉资源贫瘠，农民生产经营水平低，农业整体收入微薄。操书记通过组织村"两委"、党员、村民代表、贫困户代表会议商讨，通过与县乡两级政府充分交流，以及所在单位扶贫领导小组的工作研究等，沙壕村最终决定发展特色种植业、优质养殖业、绿色光伏发电业为三角支撑的村庄产业，增加村民持续收入，壮大集体经济。

沙壕村加大发展特色种植业，主要依托兴县的小杂粮产业，重点加强谷子绿色杂粮的种植经营。通过全国对外友协搭建的宣传交流平台，扩大兴县谷子的知名度和市场占有率，为村民稳定增收提供保障。此外，县林业局出资，为沙壕村提供了 80 亩核桃经济林种植。

沙壕村开拓发展优质养殖业。畜牧养殖产业也是兴县的支柱产业之一，具备发展的品牌和市场基础。操书记、全国对外友协挂职的副县长、村主任长达数月在村庄反复选址，初步选址后，又请县农业局等考察。选址确定后，操书记和村主任协调了养殖场占用土地农户纠纷问题。2017年 3 月，全国对外友协党组书记、会长李小林赴山西调研，详细了解了沙壕村发展养殖产业扶贫规划。2017 年 7 月 27日，项目破土动工。全国对外友协投资 198.77 万元进行项

图4-4　沙壕村全自动化生猪养殖场

（李鑫提供，2017 年 11 月）

目建设，该项目是兴县产业扶贫标志项目之一。2017 年 12 月养殖场主体工程建成。预计 2018 年建成后投入运营，计划由村委会牵头成立养殖专业合作社，采取"合作社＋农户"形式开展生猪养殖，吸纳全体贫困户入社，投工投劳投资，预计年出栏生猪 5000 余头、年收益 40 多万元。

此外，沙壕村具备光热条件，可实施光伏发电产业。2016 年，沙壕村向乡政府申请建设村级光伏电站。计划批准建设后，贫困户能享受到每年不少于 3000 元补助，村里还可以提供一些公益岗位。

第四节　加强内生发展动力

在第一任第一书记操小卫的带领下，沙壕村实现了自来水入户，村庄道路、通讯等基础设施加强，村民住房、厕所等环境改善；贫困户获得精准识别，获得医疗、教育、金融等精准帮扶政策，以及物资、情感慰问；第一书记所在单位还为沙壕村投资近 200 万元新建了大型养殖场发展产业扶贫。操书记驻村帮扶两年来，沙壕村的面貌发生了巨大变化。

随着外界帮扶力度的加大，村民的内生发展动力却下降了。习近平总书记在深度贫困地区脱贫攻坚座谈会上提到，扶贫要同扶智、扶志结合起来。智和志就是内力、内因。第二任第一书记李鑫，于 2017 年 8 月正式接任沙壕村第一书记。李书记重点开展村民内生发展动力建设。

李书记本人在机关党委工作，有丰富的党建工作经验。他平时喜欢研读党建、治国方面的书籍，喜欢钻研理论。面对沙壕村已经取得的扶贫成绩和出现的内生动力发展不足问题，他制定了优先思想转变、持续能力提升的扶贫思想。他上任后2个月，党的十九大开幕，他带领村"两委"学习了党的十九大会议文件，向村民传达十九大精神，帮助村民树立自力更生的奋斗思想。他上任3个月，村"两委"新一轮选举，通过近2个月的努力，他协助乡政府平稳解决了村庄内部矛盾；重建党组织，构建了脱贫攻坚的指挥部；坚持公正的民主选举，巩固了村委会的核心地位，维护了村民的公平正义感。他逐渐改变给钱给物的扶贫思想，减少村民"等靠要"的思维惰性，通过健全工作机制、规范组织纪律、加强思想建设、促进乡风文明等活动，培育村"两委"和村民的内生发展动力。

一 加强党组织建设

沙壕村是一个贫困村，同时也是一个党组织软弱涣散村。前任书记担任沙壕村书记十多年，利用职务之便，侵占村集体和村民利益，被村民2016年集体上访罢免。乡政府委派一名工作人员临时担任沙壕村的代理书记。全村党员共15名，但是只有7名党员长期住村（包括第一书记）。村级党组织凝聚力不强，村内矛盾严重，上访事件屡有发生。操书记到来之后，建成村活动室和村委专用办公室，为党员学习提供了硬件基础；操书记带领党员参观当地革命纪念馆，还带领村"两委"和党员代表共 9 人到北京参加其单位举办的党建活动，增进党员交流。

李书记在操书记党建的基础上，开展了一系列党组织学习活动，组建了新的党组织，并学习了党的十九大精神。

（一）规范党组织学习活动

李书记上任后 3 个月，参加了由中央组织部、国务院扶贫办在福建泉州组织的"中央和国家机关选派第一书记示范培训班"。在培训班上，中组部代表做了"加强贫困地区农村基层党组织建设，组织发动群众合力脱贫攻坚"的辅导报告，还组织现场参观了泉州 6 个村抓党建促脱贫攻坚工作。通过培训学习，李书记认识到"抓好党建，这是第一书记的第一责任，是共产党员顶上去、男女老少动起来的力量源泉"。

李书记是机关党委干部出身，开展党务工作经验丰富。按照县委组织部安排，每个月第一个星期的星期二为支部主题党日活动时间。他坚持"三会一课"，坚持每月开展主题党日活动，创新活动形式，充实活动内容。参加党日活动的党员、村委班子成员、乡包村干部、县驻村工作队在党日活动上充分交流扶贫的心得体会，商讨村庄扶贫的重点难点。通过主题党日活动，沙壕村党支部很好地搭建起新老干部、在村无职党员沟通交流的平台，营造出团结和谐的正能量氛围。

针对党组织的软弱涣散状态，李书记通过规范日常党务活动，加强党的组织性和纪律性。沙壕村在村党员人数偏少，党员参加会议的积极性不高。他针对 3 次不参加党员大会的党员予以批评教育，党内会议作风明显改善。老党员刘光信不住村，居住的乡镇到沙壕村每天只有一趟班车。2017年的党员会议他都参加了，他说"这么多年的老党员了，因为不参加会议再被批评，因为不参加党组织活动再被开除，那就丢人啦"。李书记每次召开大型会议时，都规定会议现场不能抽烟。这些规定最初村"两委"成员都很难遵守。课题组调研的时候，村支部委员多次从兜里拿出烟想抽，但是又不敢破坏规定，结果又多次将烟放回兜里。新一届的党支部工作作风明显转变，工作能力也明显提高。

通过规范党组织学习活动，党员的自觉性、先锋性明显加强。在 2017 年年底，沙壕自然村第二轮土地承包确权分地过程中，党员带头行动、主动让地，让这件涉及历史纠纷十余年的事情在短短一个半月得以解决，确保整村退耕还林顺利实施。日常生活中，党员带头化解干部群众矛盾纠纷，比如主动劝返上访户、主动带头义务卸化肥等。群众对党员的评价明显提高。

（二）组建新的党支部

沙壕村前任书记因个人廉洁问题被罢免，党组织班子长期以来不健全，需要尽快配齐。李书记针对党支部班子不健全的状况，在不同场合多次与乡党委政府领导沟通，交流交换意见，积极寻求帮助。2017 年 11 月，李书记全程参加了村党支部的选举工作。全村 14 名党员，其中 50 岁以上的就有 12 名，党员老龄化严重。鉴于此，李书记坚持推选年轻人担任村党支部书记。2017年11月4日，沙壕村选举产生新一届支部委员会，支部书记王晋文，44岁，首次当村干部；支部副书记马英英（女），61岁，首次当村干部；支部委员王花油，65岁，曾有当村干部经历。三位党支部成员的人品和能力都得到了村民的认可。受访的村里党员说：现在这个班子选得好！

自换届产生新一届党支部班子以来，党支部的凝聚力、向心力、感染力逐步增强，已经有2人主动向党支部递交了入党申请书，积极要求加入党组织。党支部重点加强对村委主任刘建存的培养，帮助其早日加入党组织，充实支部年轻后备干部力量。七一建党日，李书记带领党支部开展向困难党员、老党员慰问扶助工作，传达党的关心和温暖，拉近党组织和党员之间的距离。

（三）贯彻学习党的十九大精神

十九大召开后，李书记带领村"两委"，还有广大的村民，学习宣传贯彻党的十九大精神，推动脱贫攻坚工作。以下内容来自李书记的工作汇报。

学习宣传贯彻党的十九大精神，是首要政治任务，也是推动深度贫困地区脱贫攻坚的根本遵循和行动指南。首先自己带头学。坚持读原著、学原文、悟原理，做到学深悟透。其次指导支部、村委班子学。带领村"两委"梳理十九大报告中的新思想、新论断、新提法、新举措，重点学习攻坚深度贫困的重要理论论述，理清工作思路，明确工作目标，面对新时代，勇担新任务。最后是组织党员群众学。结合村党支部党员和在村村民年龄大、文化程度低、接受新理念新观点能力弱等实际情况，采取"以图像视频传递为主，以语言文字传递为辅"的教育方法，充分发挥投影仪的作用，提升学习教育效果。

二 巩固村民自治机制

操书记在任时，沙壕村"两委"基本处于"无人办事、无人管事"的状态。村里大型的扶贫项目，操书记带头干，以身作则，获得村民信任，干群关系明显改善。李书记接任后，村里的扶贫项目已经初见成效，沙壕村从"无人管事"反而变成了"争着管事"，村庄内部矛盾加深，村民委员会的公平选举遭到破坏。李书记坚决维护公平选举，维护村庄的公平正义。在新一届村民委员会成功选举的基础上，李书记进一步加强村委会工作能力的培养。

（一）维护公平选举

沙壕村村"两委"的班子建设是李书记的重点工作内容，没有一个好的班子，没有好的村"两委"带头人，村里的各项工作都不可能顺利开展。2017年12月5日，村里举行了新一届的村民委员会选举。选举前几个月，前任被罢免书记暗中推选一个王姓村民。王姓村民看到村里有国家级单位帮扶，大型养猪场也马上可以投入运营，认为有机可循，有利可图。在前任书记的帮助下，王姓村民出资购买选票。李书记知道情况后，和乡党委及时沟通联系，汇报情况。李书记告诫村主任候选人，必须坚持公平选举；对村民实施教育劝说，通过分析候选人竞选意图、工作能力、服务意识等帮助村民加以对比识别。

选举当日，共有298名村民参与投票，现任村长获得150票，王姓村民获得136票。按照选举双过半原则要求，村主任必须获得半数以上的选票，就是149票，才可以当选。现任村长仅仅超过一票，获胜非常惊险。村民非常高兴，他们说："就是这一票，说明邪气永远压不住正气！"

选举产生新一届村民委员会，村委会主任刘建存，46岁，连任村主任；村委会副主任刘虎儿，60岁，曾有当村干部经历；村委会委员王处儿，62岁，为上一届村民代表。

自2016年5月，原村党支部书记被乡党委免职以来，沙壕村实现了村"两委"班子配全配齐。选举前后时间持

图4-5　村民委员会选举现场及选票

（李鑫提供，2017年12月）

续近 2 个月，李书记通过情况摸底、教育劝说等工作，缩小村庄内部矛盾，保障选举过程平稳顺利。选出的新班子核心领导年富力强，公信度高，为沙壕村 2018 年实现脱贫脱帽打下了坚实的组织基础。

（二）提升工作能力

配齐配强村委会班子是村民自治成功的基础，班子的基层治理能力是村民自治成功的核心。李书记通过健全工作机制，保障民主决策，提升村庄治理水平。

李书记坚持村委的议事会常态化，既能工作上通气，又能集思广益想办法出主意，杜绝一人说了算、别人不知道。每次会后，他均要求参会人员在会议记录本上签字按手印，防止出门不认账，会后说不知道。他帮助村委成员养成制订工作计划的好习惯；帮助确定工作的优先级，统筹开展工作，避免重复工作；帮助村主任合理分工分配任务，提高整体工作效率。2018 年春天组织土地确权工作，这是一个历史遗留问题，也是事关沙壕村长远发展的核心工作。为了做好这项工作，第一书记集中人力物力精力，协助村委召开多次会议，合理制订工作计划，安排工作人员，历时 40 多天，终于顺利圆满地将这项任务完成。

李书记非常注重村务制度公开，村级事务标准化运行，阳光运作。通过将政策宣传到位，落实到位，公开到位，增加村民的知情权，减少村民的质疑。他采用的政策宣传方法包括："一是由第一书记来说。开会时说，吃饭时说，与村民聊天时引导着说。二是让支书主任说。主要让他们在支部、村委微信群里滚动宣传，如'两癌'免费筛查、健康扶贫政策、护工培训、社保医保政策等，每天早、晚各发一次，以防止被无效信息淹没。三是让大喇叭说。把与沙壕村相关的扶贫政策录音，拷到U盘，在村现有大喇叭上定时播放。"对涉及村民切身利益的事项，都以召开村民代表大会、村民委员会和村民大会的形式通报村民，做到信息透明公开，做事公平公正。

李书记擅长做"人"的工作，协调村"两委"关系，也是李书记的重要工作任务之一。新任书记王晋文不经常在村居住，村庄重大事件、党员会议等李书记都会电话督促新任书记坚持参加。村主任住村时间长，村主任在一些事情的决定上，如果事先没有和党支部书记充分沟通联系，李书记就会提醒村主任。李书记告诫现任村"两委"班子成员，一定要协商决定村里的大事小情，避免产生新的村"两委"矛盾，重蹈上届班子的覆辙。李书记还擅长协调干群关系。农村工作复杂难度大，村干部工作经验不足，和一位村民产生了一些误会。村民就此经常上访告状。李书记召集村"两委"与该村民充分沟通协商，最终问题得以解决。

李书记注重激发村委会组织活力，提升村委会的自治能力。他在工作中，始终遵循"指导但不指责、到位但不越位、帮带但不包办、帮忙但不添乱"的"四不"原则，把激发村委会组织活力作为基层组织建设的主要工作内容。对于村庄的扶贫工作、扶贫困难，以及未来的扶贫计划，李书记组织村"两委"充分商讨解决。遇到困难和问题，他首先鼓励村主任自己先想办法，不能一味依靠第一书记所在单位的物资援助。比如土地承包历史纠纷、未来村活动中心的征地、村杂粮加工项目的启动资金等问题，这些基本都依靠村"两委"带头解决。调研时，反复听到村主任说：这个我们来想办法。村主任的工作积极性和自信力明显提升。

三 提升村民发展意愿

3 年来，全国对外友协已经给沙壕村投入了近 300 万元，免费实施饮水工程，道路两侧绿化工程，无偿修建了大型养殖场，还将继续投资新建村委会大楼，维修村内道路等，村慰问金、慰问品也陆续发放到村民手中。县扶贫办也将投入 200 万元用于光伏发电。村里也享受到了教育扶贫、医疗扶贫等扶贫政策。沙壕村由来已久的贫困历史造成了人们"等靠要"的思想，经过一系列的扶贫政策帮助，无形中助推了这种"等靠要"的思想，村民自主脱贫意愿下降，自身发展动力不足，自我满足感降低。

表 4-1 沙壕村接受帮扶单位资助统计

帮扶项目	时间	帮扶方式	资助金额（万元）
养猪场	2017 年 7 月	项目	198.77
人畜安全饮水工程	2016 年 11 月	项目	55.9
绿化工程	2017 年 3 月	项目	20
机耕路修整	2017 年 4 月	项目	2
走访慰问	2016 年、2017 年春节和中秋、2018 年春节	现金、实物	13.83
合计			290.5

说明：走访慰问，全国对外友协出资 5 万元，第一书记个人集资 1.18 万元，单位秘书长个人出资慰问 0.15 万元。

李书记对此感悟非常深刻，他引用了第一书记培训会议上中央党校祝灵君的一句话"没有付出感就没有获得感，没有参与度就没有满意度"。在扶贫过程中，人们得到的越多，而且如果是无偿得到的越多，那他们的满足感就越低；对得到的东西也不珍惜，因为没有付出过，认为是免费来的。

随着精准扶贫的展开，贫困户和非贫困户的矛盾也日益增大。沙壕村所处的深度贫困山区，村民的收入普遍偏低，贫困户和非贫困户的区别不大，尤其是一些边缘贫困户，收入不高，扶贫政策也享受不到，结果他们的生活满意度是最差的。现在享受到扶贫政策的一些农户，是违反过去的政策导致贫困的，比如因学致贫的家庭，家里有5个孩子，之前违反政策超生，现在享受政策扶贫。第一书记和村"两委"也认识到了这样的矛盾，他们采取了一些措施，尽量减少矛盾。比如过年过节慰问，不能只给贫困户，也必须考虑到非贫困户。过年给贫困户发2袋白面，给非贫困户发1袋白面。一些小的慰问品，凡是在村的，不管是不是贫困户都尽量发放到。但是两类农户之间的矛盾依然存在。

李书记坚持扶贫先扶智和扶志，坚决杜绝滋长村民"伸手要"的思想，逐渐培养村民内生发展动力，减少贫困户和非贫困户之间的矛盾。他表示，虽然这很难，但是为了村庄的长久发展，为了村民自身的独立发展，这又是必须做到的。2018年春节，考虑到当前的扶贫思路已由"给钱给物"向"激发内生动力"转换，李书记组织召开村

"两委"会议统一思想，决定不再给村民发放米、面、油慰问品，而是改为赠送由全国对外友协办公厅书写的春联。李书记推行"你不动，我不动，你若动，我先动"的思路。他积极鼓励村民自己先干起来，采取"先干后补"的方法，激发村民自身发展意愿。沙壕村已经有一户在村非贫困户村民在扩建杂粮加工房，一户在村贫困户村民发挥自己种树特长，开始种梨树。

李书记期望通过组织评选活动，弘扬优秀传统文化，加强乡风文明建设。他计划评出"孝敬老人、内生动力、模范带头、遵纪守法、乐于助人"等五个方面好人好事，统一表彰，逐步树立一种向好向善的风气。他希望通过这些活动，发扬光大诚信孝道、邻里和睦、守望相助、自力更生等美德，不仅解决村庄的物质贫困，同时解决村庄的情感和精神贫困。

第五节　沙壕村扶贫远景

2015年12月，全国对外友协开始定点帮扶沙壕村，先后派驻了两任第一书记驻村帮扶。在中央直属机关单位的帮扶下，沙壕村的村庄建设取得了很大的进步，村民生活得到了很大的改善，村"两委"班子建设取得重大成果，村民内生发展动力大大增强。驻村帮扶3年来，精准扶贫取得了巨大的进展。

沙壕村将于2018年整体脱贫，但是沙壕村还有很多建设项目要开展。这些项目包括基础设施、文化设施和产业扶贫。项目涉及的投资方包括全国对外友协、县扶贫办、交通局、林业局、通讯公司等单位，还有乡党委政府部门。投资涉及的单位多、金额大，第一书记将承担项目主要的沟通、协调、落实工作，保障项目进村和公共服务进村顺利走完"最后一公里"，贫困户可以真正受益。

一 改善基础设施

沙壕村的基础设施虽然已经有了根本性的改善，但是还有很大的提升空间。第一书记通过组织全体村民、村民代表大会、村党支部、村民委员会等会议讨论协商，决定未来基础设施的改善集中在"水、电、路、垃圾回收"几方面，具体如下。

沙壕村饮水工程护坡建设。计划协调全国对外友协拟投资15万元为三眼泉村、王家崖村的饮水蓄水池新建护池坝，保证汛期蓄水池安全。

安装太阳能路灯项目。计划协调乡党委政府拟投资7.8万元安装太阳能路灯20盏，解决村民夜间出行困难。

人居环境整治项目。计划协调乡党委政府拟投资50万元，开展农村生活垃圾、生活污水处理设施建设，助力美丽乡村建设。

村组道路"户户通"建设。计划协调县扶贫办、县交通局拟投资 60 万元实现沙壕、碾塔、三眼泉、王家崖 4 个自然村硬化水泥路"户户通",长度约 3.5 公里,进一步改善村民出行、居住、生活条件。

光纤宽带建设。计划协调联通公司拟投资 10 万元,实现光纤宽带入户 80 户,改善农户通信设施和用网环境,及时宣传党和国家扶贫惠农政策。

危房改造项目。计划协调乡党委政府拟投资 30 万元,实施危房改造 21 户。

二 新建文化设施

针对村里文化娱乐活动贫乏的现状,村民迫切希望建立文化活动室,目前正由县文化局协调拟投资 30 万元,新建文化活动室 100 平方米,硬化文化活动广场 300 平方米,达到功能完善、设备齐全。文化活动中心建成后,村民可以看书、下棋、打牌、吹笛子、打鼓,丰富村民的娱乐生活。考虑到村里留守老人较多,计划文化娱乐活动中心能兼具老人日间照料中心的功能。如果未来集体经济发展得比较好,可以利用集体经济为 70 岁以上的老人(大约 20 人),以 2 元 / 人的价格提供中午饭,逐渐扩展到早饭和晚饭。

沙壕村还将开展移风易俗,计划建设红白理事厅及配套设施,方便村民办理红白喜事,同时树立文明新风。目前正由村"两委"协调解决征地问题,拟与文化活动室兼容。

三 紧抓产业扶贫

产业扶贫始终是贫困村脱贫的根本，也是第一书记扶贫的长期目标。而在沙壕村这样一个自然资源、人力资源都比较匮乏的贫困村，产业的选择、实施、管理等面临的困难都比较大。第一书记需要通过民主会议，集思广益，确定项目；还需要通过积极协调，争取项目资金；项目落地后，第一书记还需要保证项目的运行和收益。

沙壕村目前已经实施的大型产业项目主要有养猪场和退耕还林。养猪场主体工程已经建好，预计2018年投入使用，年出栏生猪5000余头。养猪场即使出租，村集体至少每年可以获得20万元的租金。新一轮退耕还林，2018年春季已完成1500亩，累计完成1900亩。每亩补助1500元，分5年补助完成。养猪场解决了村集体经济不足问题，退耕还林解决了村民增收问题，起到了很好的示范作用。

2018年，沙壕村是预脱贫村，资金、项目倾斜力度比较大。沙壕村研究上报了8个产业扶贫项目，集中在种植业、养殖业、加工业、第三产业上。

种植业主要包括河堤加固项目和绿色种植项目。河堤加固项目，计划由乡党委政府协调拟投资200万元，修复土地河堤1.3公里，实现汛期耕地、道路安全，保障粮食生产和人员安全。绿色种植项目，计划由乡党委政府组织实施，拟投资15万元，种植谷子388亩、高粱130亩、马铃薯225亩，提高贫困户农业收入。此外，还有宜林荒山绿化项目，计划由县林业局协调实施1000余亩。

养殖业包括大型和小型两类项目。大型养殖场附属设施建设，计划由全国对外友协协调拟投资 25 万元，打一眼 10 米深、4 米宽水井，保证养殖场日供水 50 吨。小型养殖项目包括散养鸡项目和肉牛养殖项目。散养鸡项目，计划由村"两委"协调拟投资 20 万元，建设 3000 只土鸡养殖设施；肉牛养殖项目，计划由村"两委"协调，拟投资 60 万元，建设 50 头肉牛养殖场，实现小型养殖产业经济良性发展。

加工业主要是杂粮加工项目，计划由村"两委"协调，拟投资 30 万元，建设加工厂房，完善设施设备，实现小杂粮精加工，包装一体化。

第三产业主要是光伏发电项目，计划由县扶贫办协调施工，拟投资 200 万元，建设 300kW 村级发电站并于 2018 年底前完成并网发电，实现村集体经济破零并提供公益性就业岗位。

第五章

第一书记制度的建立

沙壕村第一书记扶贫是长达三十年之久的第一书记制度在村庄的具体实践表现。早在20世纪90年代，福建、安徽等省探索选派机关优秀干部到村任第一书记，加强党建和扶贫工作，取得了明显成效，涌现了小岗村沈浩等优秀的第一书记代表。在地方经验的基础上，农村基层党建活动和精准扶贫战略直接推动了第一书记制度在国家层面的建立。第一书记扶贫制度成为精准扶贫制度的重要组成部分。国家和地方在第一书记的选拔任用、组织培训与管理考核等工作方面都给予了全面的机制建设，保障了第一书记扶贫的工作基础。

第一节　第一书记扶贫的形成

"第一书记"这一称谓最早可以追溯到新中国成立前。1948年，中共中央将晋察冀和晋冀鲁豫两个解放区及其领导机构合并，成立华北局，刘少奇任"第一书记"。从20世纪50年代初期开始，省委、县委都设有第一书记，作为地方党组织的一把手。但党的十二大之后，根据党章，地方党委逐渐开始使用书记和副书记称谓，到1985年，完全废止了第一书记称呼。但军党委仍设有第一书记，而且一些社会团体如团中央、全国总工会、科协等仍有"第一书记"和书记的区分。[①] 早先地方党委及目前社会团体的"第一书记"与当今驻村"第一书记"称谓虽然相同，但有实质区别。前者代表着权力最大、排名最前或主持日常工作；而后者则不具有这些含义。驻村第一书记主要是指从中央、省、市、县各机关、事业单位、人民团体、国有骨干企业、金融企业和高校等外派到帮扶村庄或社区的人，他们在乡镇党委领导和指导下，紧紧依靠村党组织，带领村"两委"成员开展工作，主要担负着扶贫开发的第一责任和农村党建的第一使命。

一　第一书记产生的历史原因

改革开放后，一些省（自治区）面对农村出现的整体

---

① 吴为：《中央向党组织涣散村选派第一书记》，新京报网，2015年5月1日，http://epaper.bjnews.com.cn/html/2015-05/01/content_574633.htm?div=-1。

"空心化"和农村基层党组织职能弱化难题，陆续开展驻村第一书记帮扶工作，希望通过干部驻村帮扶的形式，加强党组织基层建设，促进农村经济社会发展。

人民公社制度解体后，农村开始实行家庭联产承包制，农户成为独立的生产经营主体，农业和农村经济得到迅速发展，但是农村的集体经济呈现衰落的态势。随着我国城市化和工业化的加快，大量的农村人口，尤其是有文化、有能力的青壮年都流动到城市从事非农产业，农村留守群体多为老弱病残，农村人力资源严重缺乏，农村经济、社会日渐衰落。

2000 年开始实施农村税费改革，2006 年全面取消农业税，这些政策在减轻农民负担的同时，也使得乡镇、村两级财政收入锐减，财力匮乏难以维持农村公共产品和服务的供给。尤其是伴随着行政村合并，村"两委"精简，村财乡管，农村基层党组织的职能被简单化，成为协助乡、镇党委政府完成任务的"传话筒"。[①] 农村各地普遍陷入了集体经济薄弱、基层组织干部整体素质下降，基层组织无钱、无人、无能力办事的困境。[②] 村委会与村民之间的关系也日益弱化，基层村社组织逐渐丧失了组织农民的能力，软弱涣散党组织数量增多。截至 2014 年 4 月底，全国共排查出软弱涣散村党组织 57688 个，占村党组织总数的 9.6%。[③]

---

① 杨芳:《驻村"第一书记"与村庄治理变革》,《学习论坛》2016 年第 2 期。
② 习近平:《按照"三个代表"要求创新农村工作机制》,《党建研究》2002 年第 9 期。
③ 吴为:《中央向党组织涣散村选派第一书记》,新京报网,2015 年 5 月 1 日,http://epaper.bjnews.com.cn/html/2015-05/01/content_574633.htm?div=-1。

二 第一书记在地方的兴起

干部下乡扶贫最早是国务院贫困地区开发领导小组在1986年提出的，1990年，国务院提出各省、自治区和贫困地、县要向贫困县、乡、村派出干部，而后干部下乡扶贫逐渐在全国各基层推广开来。[①]

2000年，福建省南平市针对农村改革开放以来出现的新情况、新问题，提出"高位嫁接、重心下移，夯实农村工作基础"的工作思路，开始向农村基层下派"三支队伍"来落实农村工作。三支队伍包括：科技特派员、村支部书记和乡镇流通助理。从2000年6月开始，南平市陆续从市、县、乡三级党政机关和事业单位中选派624名优秀后备干部，到问题较多的行政村担任党支部书记。下派的村党支部书记任期为三年，主要工作任务是为农村基层"找好一条路子、建好一个机制、带好一个班子、打好一个基础"。时任福建省省长的习近平同志对南平市下派机关干部到农村基层任职的实践及成效予以肯定，认为这是市场经济条件下创新农村工作的有益探索。[②]

2001年，安徽省率先开始从省级层面选派年轻党员干部到贫困村、难点村、后进村、软弱涣散村担任党组织"第一书记"。截至2016年底，从省、市、县党政机关和企事业单位共选派2万多名年轻干部担任村党组织第一书记，从中涌现出了很多优秀代表，如安徽省财政厅的沈浩，他

---

① 韩广富、周耕:《党政机关选派干部下乡扶贫制度的建立》,《理论学刊》2013年第11期。

② 习近平:《按照"三个代表"要求创新农村工作机制》,《党建研究》2002年第9期。

在小岗村担任了近 6 年（2003~2009 年）的第一书记，获得全国"百名优秀村官"荣誉。2012 年，安徽省选派驻村第一书记工作被中央组织部评为"十佳地方特色工作"。[①]

之后，其他省份如湖南、江西、广西、湖北、河南、江苏、辽宁、甘肃、山东、西藏等省（自治区）也陆续开始选派优秀党员干部到贫困村、困难村驻村工作。各地驻村干部名称不同并历经变化，比如湖南省为"第一支书"，[②] 江西省 5 年更换了 3 个名称："新农村建设工作队队长"、"'三送'工作队队长"和"第一书记"，[③] 河南省从"两委"班子的"班长"更换到"驻村第一书记"，广西壮族自治区从"新农村建设指导员"更换到"第一书记"，[④] 甘肃省为"联村联户、为民富民"的驻村"双联干部"[⑤]……各地驻村干部名称不同，职责可谓大同小异，"大同"是指职责主要集中在党建、扶贫上，"小异"是指因地方差异选派第一书记侧重略有不同，比如湖北第一书记还覆盖部分基础较差的村，[⑥]西藏第一书记还覆盖了维稳压力较大的村庄，[⑦] 河南第一书记覆盖了 105 个艾滋病防治帮扶重点村……

① 汪洋：《沿着沈浩的脚印大步向前——安徽省选派优秀干部到村任第一书记工作纪实》，《农村工作通讯》2016 年第 20 期。
② 张谋贵：《解决"三农"问题的又一重大实践——有感于"第一支书"制度》，《学习月刊》2004 年第 1 期。
③ 李亚楠、李惊亚：《谈谈"第一书记"驻村扶贫那些事》，新华网，2015 年 12 月 10 日，http://news.xinhuanet.com/mrdx/2015-12/10/c_134902343.htm。
④ 谢小芹：《"双轨治理"："第一书记"扶贫制度的一种分析框架——基于广西圆村的田野调查》，《南京农业大学学报》（社会科学版）2017 年第 3 期。
⑤ 甘肃省委组织部：《双联行动在甘肃——甘肃省"联村联户、为民富民"行动三年工作回顾》，《甘肃农业》2015 年第 9 期。
⑥ 徐菲：《撑起农村新天地——一花引来满山红——湖北省选派第一书记工作综述》，《党员生活：湖北》2016 年第 6 期。
⑦ 刘宝臣：《西藏基层治理面临的形势和任务——基于 100 名村（居）支部第一书记的访谈》，《西藏研究》2016 年第 6 期。

三　第一书记制度在全国的建立

多年来，一些地方和单位探索选派机关优秀干部到村任第一书记，抓党建、抓扶贫、抓发展，取得了明显成效，积累了有益经验。这些经验做法也逐渐在全国性的活动中得到运用和推广，并最终在国家层面建立了第一书记制度。

（一）农村基层党建活动推动第一书记选派

党中央非常重视农村基层党组织的建设，尤其是党支部书记"领头人"的选拔和任用。2009 年，时任总书记胡锦涛在山东考察工作时强调，村民富不富，关键看支部；村子强不强，要看"领头羊"。党的十八大以来，习近平总书记多次强调要进一步加强农村基层党组织建设，特别是选好、用好、管好村两委"带头人"。农村基层组织建设的关键就是选好配强村党支部书记。针对一些党组织软弱涣散村，选派第一书记成为新形势下加强农村党建的重要举措之一。

2013 年 6 月，党的群众路线教育实践活动开始，活动以为民务实清廉为主要内容，自上而下分两批开展，第一批在省部级领导机关和副省级城市机关及其直属单位、中管单位开展，第二批在省以下各级机关及其直属单位和基层开展。第二批教育实践活动是第一批的延伸和深化，因为第二批涉及 330 多万个基层党组织和 6900 多万名党员，他们同人民群众的联系更直接，是服务人民群众的"末梢神经"。[1]

---

[1] 赵娟、秦华：《图解：从数字看反"四风""明白账"》，人民网，2014 年 10 月 8 日，http://qzlx.people.com.cn/n/2014/1008/c364565-25789042.html。

而截至 2014 年，全国共排查出软弱涣散村党组织 57688 个，占到了村党组织总数的 9.6%。2014 年 2 月，中央组织部、中央党的群众路线教育实践活动领导小组下发了《关于在第二批党的群众路线教育实践活动中整顿软弱涣散基层党组织的通知》（中组发〔2014〕5 号），提出整顿软弱涣散基层党组织的首要任务就是选优配强党组织书记，本村暂时没有合适人选的，可从乡镇、市县机关、国有企事业单位中选派；同时要在软弱涣散村党组织中普遍建立机关干部驻村指导制度，市县部门、单位采取派驻工作组、选派党建指导员等措施加大帮扶作用。同年 6 月，中央组织部、中央党的群众路线教育实践活动领导小组又下发了《关于在第二批党的群众路线教育实践活动中进一步加强基层党组织建设的通知》（中组发〔2014〕13 号），提出为了切实加强基层服务型党组织建设，着力解决联系服务群众"最后一公里"问题，需要继续深入整顿软弱涣散基层党组织，真正做到配齐配强班子，明确了党支部书记暂时没有合适人选的村和社区，可选派"第一书记"。2015 年 6 月，在全国农村基层党建工作座谈会上，中共中央政治局常委、中央书记处书记刘云山再次强调选好用好农村基层党组织带头人，做好大学生村官和选派"第一书记"工作，加强农村党员队伍建设。

（二）精准扶贫确立第一书记制度国家层面的建立

精准扶贫战略的提出与实施是第一书记制度在全国建立的催化剂。2013 年 11 月，习近平总书记在湖南湘西考察时提出"精准扶贫"的思想；2014 年 1 月，中共中央办公厅和国务院办公厅下发了《关于创新机制扎实推进农村扶贫开发工作的意见》（中办发〔2013〕25号），文件明确提出建立精准扶贫工作机制，并提出了健全干部帮扶机制，确保每个贫困村都有驻村工作队（组）。一些省份驻村工作队队长就兼任第一书记，如安徽省扶贫工作队队长就是第一书记，湖北省驻村工作队队长也是第一书记。

2015年4月，为进一步推动基层建设，巩固群众路线教育实践活动中基层组织建设取得的成果，同时为了推动精准扶贫、精准脱贫，中央组织部办公厅、中央农村工作领导小组办公室、国务院扶贫开发领导小组办公室联合印发《关于做好选派机关优秀干部到村任第一书记工作的通知》（组通字〔2015〕24号），以下简称《通知》。在多年来各地选派干部驻村的工作实践基础上，该《通知》在全国层面统一了驻村干部的名号和职责，并在全国层面开始第一书记的选派工作，重点向5.7万个党组织软弱涣散村和12.8万个建档立卡贫困村"全覆盖"选派第一书记。随后全国各省市积极响应加大部署第一书记到村扶贫工作，很快形成了中央、省、市、县四个层级第一书记协力扶贫的大格局。截至2016年底，全国各层级选派第一书记约20万人，驻村扶贫工作队员超过100万人。①

第一书记制度在全国建立并形成后，在扶贫领域发挥了重要作用，并得到了充分重视。2016年6月，习近平总书记在贵州视察扶贫工作，提出精准扶贫内涵的"六个精

---

① 王亚华、舒全峰:《第一书记扶贫与农村领导力供给》,《国家行政学院学报》2017年第1期。

准"，其中"因村派人要精准"指的就是要选准派强第一书记。2017年6月，习近平总书记在山西省吕梁山区调研深度贫困地区脱贫攻坚工作时，再次强调近年来向基层派出的第一书记、扶贫工作队，还有村官，这些都是做好"三农"工作特别是脱贫攻坚工作的组织举措，同时也为干部锻炼成长搭建了平台。

第二节　第一书记的工作机制

主要从第一书记的选拔任用、组织培训和管理考核三大方面论述其工作机制。

一　第一书记的选拔任用

（一）第一书记的个人素质要求高

选拔高素质的第一书记是选派工作的核心，是驻村工作取得成功的前提和保证。中组部等联合印发的《通知》要求第一书记人选的基本条件是：政治素质好，坚决贯彻执行党的路线方针政策，热爱农村工作；有较强工作能力，敢于担当，善于做群众工作，开拓创新意识强；有两年以上工作经历，事业心和责任感强，作风扎实，不怕吃苦，甘于奉献；具有正常履行职责的身体条件。各地选派第一书记的条件基本一致，都强调政治关、品行关、廉政关和能力关。个别地区稍有不同侧重点，如江苏省如皋市要求选派能力强、活力强、潜力强的机关副科级以上的"三强干部"；安徽、宁夏、西藏等地要求第一书记年龄在45岁以下；新疆、西藏要求选派干部必须懂双语。[①] 由于第一书记驻村工作性质，第一书记多以男性为主，文化程度较高（本科学历居多）。[②] 第一书记都比较年轻，以安徽省为例，全省2015年以来选派的约2万名第一书记中，35岁及以下的占61.7%，36~40岁的占30.9%，41岁及以上的仅占7.4%。[③]

（二）第一书记的派出单位层级广

对于派出单位，《通知》要求中央和国家机关部委、人民团体、中管金融企业、国有重要骨干企业和高等学校，每个单位至少选派1名优秀干部到村任第一书记，为基层做出示范。各省级层面则在省直机关、中央驻省单位选派，各市、县也在本层级所属机关、企事业单位开展选派工作，2015年底逐渐形成了中央、省、市、县四大层级的第一书记结构网。31个省区市和新疆生产建设兵团都开展了选派第一书记工作，仅2012~2015年3年间，全国就选派第一书记达

---

① 盛若蔚、时圣宇：《第一书记来了！》，人民网，2015年6月23日，http://politics.people.com.cn/n/2015/0623/c1001-27191423.html。
② 王亚华、舒全峰：《第一书记扶贫与农村领导力供给》，《国家行政学院学报》2017年第1期。
③ 汪洋：《沿着沈浩的脚印大步向前——安徽省选派优秀干部到村任第一书记工作纪实》，《农村工作通讯》2016年第20期。

48.6万人次。[①] 派出人数随着层级的下降而增加，中央和省级部门派出人数比较少，第一书记来源以县级为主，近2/3的驻村工作人员都来自县级；派出人员级别随着层级的下降而下降，中央和省级派出人员级别较高，比如河南省2010年派出的221名省级干部中处级干部占到了91%。[②]

（三）第一书记帮扶村的选择标准多

2015年，第一书记全覆盖全国5.7万个党组织软弱涣散村和12.8万个建档立卡贫困村，在少数民族地区、边疆地区、革命老区、灾后重建地区加大选派工作，做到应派尽派。各地根据实际情况，在一些其他类型村庄也选派第一书记，比如江苏如皋市选择村级班子软弱、村级基础脆弱、村营收入薄弱的"三弱村"；西藏选择维稳压力大、治理难度大的村居；湖南选择村庄矛盾突出、建设难度大的水库移民村；陕西选择"升级晋档"差类村；湖北选择基础较差村。

（四）第一书记与帮扶村的结对要求准

第一书记扶贫已经成为精准扶贫战略的重要举措之一，"六个精准"中"因村派人精准"指的就是"第一书记"派驻。各地在第一书记与派驻村的选择对应上也摸索出了很多可以借鉴的做法，比如浙江宁海县按照"精

---

① 盛若蔚、时圣宇：《第一书记来了！》，人民网，2015年6月23日，http://politics.people.com.cn/n/2015/0623/c1001-27191423.html。
② 时圣宇：《河南精准选派驻村第一书记 舍得出人 舍得出钱 舍得出力》，《人民日报》，2016年6月14日。

准选派、按质选派、按需选派"相结合的方式，采用
"党政干部到难村、经济干部到穷村、政法干部到乱村"
的原则，更加精准确定各村的第一书记；湖北宜昌则划
分更细，提出"党群干部对接组织建设薄弱村，建设口
干部对接基础设施建设难点村，农业干部对接产业发展
薄弱村"等结对原则。

二 第一书记的组织培训

中央要求各级党委（党组）高度重视第一书记选派工
作，并且将此工作作为党委（党组）书记抓基层党建工作
述职评议考核的重要内容。地方出台了第一书记管理办法，
省级党委组织部相继成立第一书记工作领导小组（或驻村
工作队办公室），负责统一部署第一书记选拔、管理和考
核等工作任务，市县（区）两级成立专门的"下派办"或
"选派办"，负责具体组织实施。

组织部、扶贫办、农办等部门对第一书记开展了涉
农、扶贫等政策和技能培训。中组部和国务院扶贫办举办
多期中央和国家机关选派第一书记示范培训班。培训主要
采取课堂教学、现场教学、红色教育等方式进行。地方也
组织了第一书记的培训，以省级和县级层面较多。以山
西省为例，2016 年集中利用两个月时间分层分级对全省
9395 名农村"第一书记"进行轮训。个别省（自治区）则
采取统一培训方式，如广西，2016 年全区共 3.71 万人统
一参加培训，培训采取"视频会议 + 学习研讨"的形式

进行，设自治区主会场和市、县分会场。地方第一书记培训内容和中央相似，主要包括理论知识培训、实践经验交流、现场观摩学习和红色基地教育等方面。一些省份针对第一书记的工作性质，还安排了一些特殊的培训内容，如山东省开展了团队拓展培训，培育第一书记工作的团队精神。相邻省份之间还组织了相互借鉴学习观摩，比如青海省第一书记学员赴宁夏考察学习农村建设的好经验、好做法。

三 第一书记的管理考核

（一）第一书记的日常管理严格

第一书记由县级党委组织部、乡镇党委和派出单位共同管理，受乡镇党委直接领导。第一书记任期一般为1~3年，多数省份要求为2年。第一书记不占村"两委"班子职数，不参加换届选举。多数省份要求第一书记全年驻村时间不低于2/3。各地都出台了较为严格的第一书记日常管理制度，包括选派任期制度、任职承诺制度、请假销假制度、工作例会制度、跟踪督导制度、综合考评制度等。

（二）第一书记的支持机制健全

第一书记任职期间，党组织关系转到村，原则上不承担派出单位工作，原人事关系、工资和福利待遇不变，并且获得一定的生活补助和津贴。一些地方第一书记获得专项扶贫资金和办公经费，如山东省为每名省派第一书记配备 30 万元扶贫启动资金和 1 万元办公经费；[①] 河南省为每名第一书记配备每年 50 万三年共计 150 万元的专项帮扶资金用于村庄发展，3 万元办公经费用于个人扶贫工作。[②] 除了资金支持，一些地方还提供了政策支持，比如河南省专门制定出台《关于统筹相关财政资金支持驻村第一书记开展帮扶工作的意见》，整合中央和省级层面三大类共 41 项涉农资金，向派驻村倾斜。一些地方还提供了管理支持，如江苏省如皋市组织各镇党委书记、部门主要负责人为第一书记提供农村一线工作的专业建议与咨询服务。[③]

（三）第一书记的考核激励到位

第一书记参加派出单位年度考核，所在县级党委组织部实施考核。各地出台了比较详细的考核办法，考核形式非常多样，包括电话抽查、查阅资料、实地察看、走访群众、民主测评、乡镇投票、干部述职等形式。部分省份实行目标管理考核机制，如湖北省与第一书记签订"工作目标责任状"，工作不完成第一书记不撤离。考核结果是评选先进、提拔使用、晋升职级的重要依据，同等条件下优先

① 陶正付、李芳云：《"第一书记"助农村党建民生双提升——山东省"第一书记"制度建设实践探析》，《中国特色社会主义研究》2016 年第 5 期。
② 时圣宇：《河南精准选派驻村第一书记 舍得出人 舍得出钱 舍得出力》，《人民日报》，2016 年 6 月 14 日。
③ 蒋建：《驻村"第一书记"的管与用》，《人民论坛》2012 年第 31 期。

提拔优秀的第一书记，同时对考核不合格的第一书记采取及时调整和处理。2016年5月，四川省1416名第一书记因为扶贫工作考核不合格被召回或调整，占到该省第一书记总数的12.3%。[1]

---

[1]　王亚华、舒全峰：《第一书记扶贫与农村领导力供给》，《国家行政学院学报》2017年第1期。

第六章

第一书记扶贫的制度与实践分析

沙壕村第一书记扶贫是全国数以十万计第一书记扶贫案例的其中之一。沙壕村第一书记扶贫的案例研究表明，第一书记在精准扶贫中发挥了重要作用，取得了显著的成果。第一书记扶贫已经成为精准扶贫的重要组成部分。

　　第一书记制度的建立和推广是一种政府行为。第一书记扶贫在全国建立已经有四年时间，但严格的学术研究滞后于实践。现有研究较多集中在对第一书记的宣传教育上，少有的学术研究停留在制度表面的分析，对制度深层次的研究分析很少，且以社会学、政治学、管理学理论分析为主，基本没有涉及经济学理论。第一书记扶贫制度虽然是政府主导的政治行为，但是政治行为依然蕴含了深刻的经济学逻辑。

　　第一书记扶贫是党政机关选派干部下乡扶贫制度体系的发

展。同其他帮扶主体相比，第一书记具备"个人型、专职型"扶贫特点，因此决定了第一书记群体在扶贫工作上的理论和实践优势。理论上，第一书记以最终代理人形式承担专职扶贫任务，委托监督成本低，个人工作绩效和选派村庄的扶贫成效直接挂钩，工作激励强；实践上，政府组织管理部门更容易实施针对个人的工作考核，第一书记的奖惩更容易体现。

第一书记扶贫虽然具备群体优势，但是第一书记扶贫效率还受到个体因素的影响。各地既有优秀的第一书记涌现，也有扶贫工作不合格被召回的第一书记。本书将通过对沙壕村第一书记扶贫的案例研究，以及兴县其他第一书记的深度访谈、山西省第一书记的整体派出考核情况，运用经济学中的委托-代理人理论、激励理论、产权理论、人力资本理论分析影响第一书记扶贫的个体因素。

第一节　第一书记扶贫的群体优势

对现有文献整理分析的基础上，将第一书记群体还原于党政机关选派干部下乡扶贫制度体系中，构建扶贫主体"个人型、专职型"帮扶坐标，将第一书记群体与其他多元扶贫主体（如扶贫工作队等）展开横向对比，采用产权理论并结合多元扶贫主体实践，分析第一书记群体在扶贫工作中的理论和实践优势。理论上，各级政府赋予第一书记"产权清晰"的扶贫工作，第一书记作为"个人专职型"扶贫干部，个人工作和选派村庄的扶贫成效直接挂钩，扶贫激励直接到个人，相比集体兼职型扶贫，第一书记扶贫监督成本低、交易成本低；实践上，政府组织管理部门针对"个人"的评比考核相比"集体"更容易实施，针对第一书记工作表现的奖惩更容易实现。第一书记作为"个人专职型"扶贫干部，具备群体扶贫优势。

一 现有文献对第一书记扶贫的理论分析

现有文献多从科层制、嵌入、双轨制、村庄领导力等角度来分析第一书记扶贫。例如，现有文献从社会学乡村治理的科层制角度出发，提出第一书记来自中央、省、市、县四级直属机关、企事业单位，不同于县乡村官僚体制内的党政干部，受到本部门和本区域内科层制的制度化、正式化的限制，下派第一书记通过政治动员、跨部门互动、非正式网络等运作方式，组织、调动、协调多方资源用于乡村发展，以"一根线"带动了上面"千条线"。[①]这种非科层制的运作机制打破了常规扶贫中的固定流程，提高了扶贫工作的效率。还有文献从社会学嵌入型乡村治理角度出发，认为第一书记就是由上而下"嵌入"村庄内部的外部力量，[②]不仅不占用村庄原有资源，而且能给村庄带来大量的外部资源，村庄治理模式由"内生型"转变为

[①] 袁立超、王三秀：《非科层化运作："干部驻村"制度的实践逻辑——基于闽东南 C 村的案例研究》，《华中科技大学学报》（社会科学版）2017 年第 3 期。

[②] 袁立超、王三秀：《嵌入型乡村扶贫模式：形成、理解与反思——以闽东南 C 村"干部驻村"实践为例》，《求实》2017 年第 6 期。

"嵌入型。[①] 第一书记是一支健康的外来帮扶力量,与村庄没有直接的利益瓜葛,为村民自治提供了积极健康的支持和帮助。[②] 还有文献基于费孝通的"双轨政治",提出"双轨治理"概念用于分析农村的扶贫治理格局,"双轨治理"包括特殊时期临时产生的第一书记制度,代表国家治理,以及改革开放后一直沿用的村支书制度,代表基层治理,这两种制度是在扶贫领域相互作用而形成的一种新的治理格局。[③] 还有学者从管理学的公共领导力视角,提出农村基层领导力供给不足是党组织软弱涣散和村庄贫困的一个重要的诱因,而这些村庄大量精英人才和劳动力外流,无法提供内生优秀领导力。第一书记就是通过从外部注入优秀领导力从而加强村庄的党建、减贫和发展。[④]

已有文献虽然对第一书记扶贫进行了深入的分析,但是可以看到文献是在孤立地、静态地分析第一书记扶贫,切断了时间维度上第一书记制度产生的制度基础和背景,忽略了第一书记制度其实是由来已久的"党政机关选派干部下乡扶贫制度"的最新发展与重要组成部分这一事实,没有将第一书记群体与其他同时存在的多元扶贫主体对比,从而分析讨论第一书记群体的扶贫优势。

① 杨芳:《驻村"第一书记"与村庄治理变革》,《学习论坛》2016年第2期。
② 陈国申、唐京华:《试论外来"帮扶力量"对村民自治的影响——基于山东省S村"第一书记"工作实践的调查》,《天津行政学院学报》2015年第6期。
③ 谢小芹:《"双轨治理":"第一书记"扶贫制度的一种分析框架——基于广西圆村的田野调查》,《南京农业大学学报》(社会科学版)2017年第3期。
④ 王亚华、舒全峰:《第一书记扶贫与农村领导力供给》,《国家行政学院学报》2017年第1期。

二 第一书记扶贫产生的制度体系

第一书记扶贫制度直接导向精准扶贫，中央希望通过第一书记实施精准扶贫达到富民强村目的，第一书记扶贫制度在地方虽然有设计差异，但是主体宗旨同中央是一致的。"选派优秀机关干部到村任第一书记"，其实就是党政机关选派干部下乡扶贫制度的最新发展，第一书记扶贫制度就是这一制度体系的重要组成部分。

1986年，国务院贫困地区经济开发领导小组最初提出党政机关选派干部下乡扶贫。1987年，国务院召开第一次中央和国家机关定点扶贫工作会议，之后中央和国家机关逐渐开始选派干部下乡扶贫。1990年，国务院出台文件提出贫困面较大的省、自治区和贫困地、县都要组织干部到最困难的贫困县、乡、村去开展扶贫工作。1994年，《国家八七扶贫攻坚计划（1994—2000年）》提出各级党政机关都要积极与贫困县定点挂钩扶贫。1997年，中央组织部、人事部出台《关于进一步做好选派干部下乡扶贫工作的意见》，标志着党政机关选派干部下乡扶贫制度形成。之后，中共中央、国务院颁布出台的一系列扶贫文件进一步强化了选派干部下乡扶贫这一制度，既有专门针对中央、国家机关单位的定点扶贫，又有针对全国各级党政机关选派干部下乡扶贫的。2002~2010年，中央单位定点扶贫共派出挂职干部3559人，省级单位共派出下乡干部72981人。①

---

① 韩广富、周耕：《党政机关选派干部下乡扶贫制度的建立》，《理论学刊》2013年第11期。

2013 年 11 月，习近平总书记第一次提出精准扶贫。在精准扶贫阶段，扶贫主体更加多元化、规模化。为了解决从县到村管理半径较长、管理能力弱的问题，2014 年 1月，中央发文明确建立精准扶贫工作机制，并提出健全干部驻村帮扶机制，确保每个村都有驻村工作队（组），每个贫困户都有帮扶责任人。2015 年 4 月，第一书记制度在全国建立，在 5.7 万个党组织软弱涣散村和 12.8 万个贫困村全覆盖第一书记。全国层面统一了下乡扶贫驻村干部的名号，明确了工作职责、选派条件、组织管理等细则。地方也在扶贫实践中开展了大量的帮扶机制创新，在村一级，以帮扶单位为主体，建立"单位包村"制度，每个村都有"包村领导"和"包村单位"。[①]总体而言，在村一级，我国形成了第一书记、扶贫工作队、包村单位、村"两委"、帮扶责任人五大扶贫主体并存的帮扶网络。

三　个人专职型的扶贫优势

所有扶贫主体，按照成员数量属性可以分为集体型和个人型两种，其中第一书记、帮扶责任人都属于帮扶个人，扶贫工作队、包村单位、村"两委"都属于帮扶集体；按照工作属性可以分为专职型和兼职型，只有第一书记是专职型扶贫主体，扶贫工作队制度上要求是专职型而实际则多为兼职型，其他都是兼职型主体。

① 檀学文：《完善现行精准扶贫体制机制研究》，《中国农业大学学报》（社会科学版）2017 年第 5 期。

村级主要扶贫主体，包括第一书记、扶贫工作队、帮扶责任人、包村单位、村"两委"，按照主体的数量属性（集体型、个人型）和工作属性（专职型、兼职型），依次定位在扶贫主体坐标二维体系中，如图 6-1 所示。

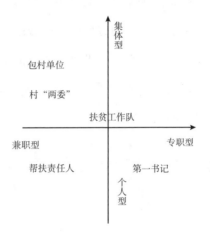

图 6-1　村级扶贫主体对比分析

　　可以看出，一个村庄投入了多个扶贫主体，这些主体的扶贫性质又完全不同。这些扶贫主体分布在同一个村庄场域内，很大部分村庄的扶贫主体又隶属于不同来源单位。在一个村庄，多元化的扶贫主体出现职责和权限边界划分模糊、激励考核规定缺乏、处罚执行不利等现象。[①]虽然还没有相关实证研究对各个扶贫主体的扶贫效率做比较分析，但无论是从经济学的产权理论还是从一些地方实践结果都可以看出，第一书记是目前各个扶贫主体中"产权最为清晰"的一个主体，也是实践中激励处罚最容易体

---

　①　吴国宝：《创新扶贫治理体系推动精准扶贫迈上新台阶》，光明网，2016 年 9 月 9 日，http://theory.gmw.cn/2016-09/09/content_21904122.htm。

现的一个主体。

新制度经济学的代表人物科斯提出的"产权理论"认为，如果产权到个人，个人拥有剩余利润占有权，个人就有较强的激励动机去不断提高企业的效益。清晰的产权，可以降低交易费用，解决社会激励问题，提高经济效益。产权可以是绝对的有形的，也可以是相对的无形的，比如合约责任。扶贫是各级政府的政治责任，扶贫责任在基层的体现是否清晰，关系扶贫行动的交易成本、激励机制，最终影响到扶贫的效率。

（一）个人型扶贫

1. 理论优势

第一书记是派出单位选派的下乡扶贫干部，体现"个人"扶贫特征。扶贫工作队、包村单位、村"两委"则体现的是"集体"扶贫特征。集体型特点是指帮扶单元多为"工作队（组）"，每个工作队（组）3~5人，集体负责一个村的扶贫工作。

相比扶贫工作队、包村单位、村"两委"等集体型扶贫主体，第一书记的个人工作和选派村庄的扶贫成效直接挂钩，扶贫激励直接到个人，不仅解决了集体兼职激励不足的问题，还减少了集体扶贫工作中的交易成本。扶贫工作队等集体扶贫主体外部赋予集体的扶贫责任虽然也比较明确，但是集体始终面临着内部协调交易成本和公平激励问题。在扶贫实践中，如果县级扶贫工作队足额兜底任务重，在扶贫主体资源有限的情况下，则会出现一人多队

（一个扶贫队员服务多个扶贫队）、一队多源（一个扶贫队队员来源于多个工作单位）的帮扶格局。这加剧了扶贫工作队内部交易、外部管理成本，更容易出现形式主义、走马观花型扶贫问题。①②

2. 实践优势

从组织部门实施的考核管理来看，针对"个人"的评比考核相比"集体"更容易实施，激励更容易体现。在政治行政系统内，激励不是以经济价值体现，而是以官僚体系内的考核评价体现。第一书记专职 2 年扶贫，投入了巨大的个人成本，中央释放的激励信号也非常明显。习近平总书记强调，脱贫攻坚实绩是选拔任用干部的重要依据，要在脱贫攻坚第一线考察识别干部。③ 年轻干部担任驻村第一书记的工作绩效是他们后期评选先进、提拔使用、晋升职级的重要依据。工作优秀的第一书记个人被提拔任用，工作不合格的第一书记被召回。由于是个人型扶贫，所以奖罚分明，激励有效。以安徽省为例，前 5 批选派第一书记中共有 1.1 万人被提拔，其中提拔为副处和正处级的共 900 多人；④ 四川省 1416 名第一书记因为扶贫工作考核不合格被召回或调整。⑤ 扶贫工作队等集体型扶贫主体，

①　吴国宝:《创新扶贫治理体系推动精准扶贫迈上新台阶》,光明网,2016 年 9 月 9 日,http://theory.gmw.cn/2016-09/09/content_21904122.htm。

②　严国方、肖唐镖:《运动式的乡村建设:理解与反思——以"部门包村"工作为案例》,《中国农村观察》2004 年第 5 期。

③　李亚楠、李惊亚:《谈谈"第一书记"驻村扶贫那些事》,新华网,2015 年 12 月 10 日,http://news.xinhuanet.com/mrdx/2015-12/10/c_134902343.htm。

④　汪洋:《沿着沈浩的脚印大步向前——安徽省选派优秀干部到村任第一书记工作纪实》,《农村工作通讯》2016 年第 20 期。

⑤　王亚华、舒全峰:《第一书记扶贫与农村领导力供给》,《国家行政学院学报》2017 年第 1 期。

更多获得的是荣誉上的奖励或惩罚，官僚体系内的职务变迁也较多局限在扶贫工作队长等集体领导人，对一般扶贫队员的激励明显不足。

扶贫主体考核的组织实施体制，针对第一书记的个人考核明显具备操作优势。中央、省、市、县四级组织部门都有专门的考核办公室具体负责第一书记、扶贫工作队的考核。以沙壕村所在的兴县为例，县委干部下派办公室（简称下派办）负责第一书记等扶贫干部个人的考核，县委干部下乡办公室（简称下乡办）负责扶贫工作队的考核。虽然派出的第一书记也代表了派出单位，但是其个人的代表性远不及由多名成员组成的工作队。所以，针对个人的考核可以减少甚至杜绝单位因素，但是针对工作队的考核就无法完全杜绝单位因素。

比如兴县下派办针对第一书记的考核基本不涉及派出单位，重点考核第一书记的个人工作努力程度。针对第一书记的个人考核结果，相应的激励措施如提拔、召回等操作实施也较为容易，不容易受到派出单位的因素干扰。下派办负责人的行政级别高于大多数第一书记的行政级别，这有助于下派办更加独立自主地执行考核激励。相比之下派办"轻装上阵"，下乡办针对扶贫工作队的考核则考虑因素较多，考核包括驻村帮扶单位领导重视情况（是否把干部驻村帮扶工作摆上重要议事日程、主要领导是否听取驻村帮扶工作汇报、每年至少六次到驻点村进行主题调研指导、帮助解决实际问题、工作队有无办公场所，是否解决食宿问题），这就决定了对扶贫工作队的激励同后盾单位的支持挂钩。不同的后盾单位支持能力相差很大（比如发改委和妇联），这就导致下派办的考核难度非常大。下派办负责人表示：扶贫工作队的考核，要考虑到不同单位的背景，所以考核不能只用一把尺子；但是考核又不能不用一把尺子，否则没有可量化的标准，无法完成统一的考核。最终依据考核结果，对工作队提出一些惩罚奖励等措施，但因为下派办的行政级别和派出单位同级，甚至更低一级，也比较难于实现。

（二）专职型扶贫

第一书记是"专职"扶贫。第一书记扶贫制度出台的中央文件、各地的工作实践，都赋予了第一书记清晰的"扶贫责任"，责任清晰意味着收益清晰，意味着奖惩清晰。第一书记的行政定位和职责规定非常清楚，驻村期间党组织关系转到村，担任党支部"第一书记"，负责"建强基层组织、推动精准扶贫、为民办事服务、提升治理水平"工作任务。和其他扶贫主体相比，第一书记更加"名正言顺"，尤其是在精准扶贫大背景下，第一书记在贫困村全覆盖，这一做法实际上赋予了第一书记在选派村带领扶贫的"第一责任"和"主要责任"，将扶贫责任最大限度地落实到"人"，这样扶贫绩效也可以相应地最大限度地落实到"人"。国家对第一书记驻村扶贫的工作要求非常高，在村工作时间不少于全年的2/3，要求吃住在村，工作到户。第一书记要严格考勤管理制度，派驻时间一般为2年。第一书记的人事关系、工资和福利待遇不变，原则上不再承担派出单位工作。每个贫困村派驻一个第一书记，每个第一书记对应一个派驻村。这些规定和要求决定了第一书记是"专职"扶贫。

其他扶贫主体，和第一书记扶贫相比，则是"兼职"扶贫。比如帮扶责任人不须要驻村，只需定期走访和联系贫困户。包村单位也无需驻村，只需定期走访、汇报、检查工作。村"两委"成员，外出务工经商的比例也很高，即使在村的仅靠微薄的政府工资收入也难以支撑他们承担专职的扶贫责任；如果他们把自己"副业"丢了，专职扶贫，就会变成"群众脱贫，干部返贫"。[1] 扶贫工作队制度上要求驻村工作，但驻村时间要求少于第一书记、党组织关系实际转入帮扶村的很少，驻村期间还部分或阶段性承担派出单位工作。扶贫工作队实际驻村情况与自身单位、各级政府及第三方对扶贫成效的考核密切关系，存在实际上形式驻村现象。[2][3] 扶贫工作队可以同时服务一个或一个以上贫困村，所以对应一个贫困村，扶贫工作队就是"兼职"扶贫。

精准扶贫阶段之前的个人驻村干部，也承担了扶贫任务，但是他们的"专职型"不够。他们的轮换时间短（一般为一年），党组织关系仍然在派出单位，很多下乡干部实质上仍承担派出单位工作，驻村工作实质要求低、考核松，驻村工作"兼职"性强。

---

① 刘仁：《四川利州脱贫调查：压力大了，动力哪来》，《人民日报》，2016年12月25日。

② 严国方、肖唐镖：《运动式的乡村建设：理解与反思——以"部门包村"工作为案例》，《中国农村观察》2004年第5期。

③ 山西日报评论员：《充分发挥"三支队伍"的骨干作用》，《山西日报》，2016年11月25日。

（三）个人专职型扶贫优势的最终体现

第一书记扶贫是由来已久的党政干部下乡扶贫制度的创新，是精准扶贫的六个精准之一，"因村派人精准"就是指第一书记扶贫。相比其他扶贫主体，第一书记具备个人专职型扶贫特征，这决定了第一书记扶贫的群体优势。

第一书记在具体的扶贫工作中，普遍能坚持驻村工作，扶贫效率普遍较高。他们比一般下乡扶贫干部对村里情况更了解，这就更有助于他们开展精准扶贫工作。比如在精准识别中，第一书记解决了信息不对称问题，他们是"半个村里人"，对村里各家各户情况了如指掌，而且利益中立，有助于更加公平分配扶贫资源，提高资源配置效率。在争取扶贫资源方面，因为"产权清晰"，第一书记有更强的动力和灵活性，争取单位、政府扶贫系统、社会各方资源，做到下面"一根针"带动上面"千条线"，最大化争取扶贫资源。在实施扶贫项目上，第一书记有较多的扶贫资源，多能解决项目进村和公共服务品进村"最后一公里"的难题。

以沙壕村第一书记为例，他们体现了个人专职扶贫的责任心，全心全意扶贫，工作积极努力。操书记是第一任第一书记，他积极争取单位和政府资金，组织实施沙壕村安全饮水、村庄道路绿化等工程，加强村庄基础设施建设；精准识别贫困户，落实教育、医疗、金融贷款等帮扶政策；新建沙壕村大型养殖场，开展产业扶贫。李书记是第二任书记，他和第一任第一书记顺利完成工作交接，面对沙壕村出现的内生发展动力不强问题，他将扶贫和扶智、扶志相结合，加强村"两委"班子建设，提升村民自我发展意愿。

两任第一书记工作表现获得各方认可，得到的激励显著。第一任第一书记被评为优秀第一书记，在省、市、县三级扶贫攻坚大会上做模范宣讲，任职期满后得到单位提拔任用；第二任第一书记也被评为优秀第一书记，并获得优秀共产党员称号。

不可否认，本书所调研的沙壕村第一书记不具备第一书记的全局代表性。首先，他们来自于中直单位（中国人民对外友好协会），中直单位第一书记扶贫更具有示范效应；其次，中国人民对外友好协会是沙壕村所在的兴县定点帮扶单位，这就意味着沙壕村可能获得的帮扶资源层级更高。虽然，沙壕村第一书记具有派出单位的特殊性，但是他们仍然具备广大第一书记扶贫的普遍性，能够代表第一书记扶贫的群体优势。

第二节　第一书记扶贫的个体影响因素

沙壕村第一书记体现了"个人专职型"扶贫的群体优势，在派出单位有效的监督管理下，工作尽职尽责，积极努力，争取落实各种到村到户政策资源。沙壕村的贫困面貌取得了很大的改变。

第一书记在精准扶贫中发挥了重要作用，在精准扶贫制度创新和实践运用中发挥了优越性。2017年6月，习近平总书记在山西省吕梁山区调研深度贫困地区脱贫攻坚工作时，强调近年来向基层派出的第一书记、扶贫工作队，还有村官，这些都是做好"三农"工作特别是脱贫攻坚工作的组织举措，也为干部锻炼成长搭建了平台，要从他们当中发现好同志、好干部，并着力加以培养。

第一书记扶贫虽然具备群体优势，但是并非所有的第一书记扶贫都具备高效率。简单而言，有扶贫好的，也有扶贫不好的。不同的第一书记具备不同的个体因素。表面上看，单位支持力度、第一书记个人努力程度是影响第一书记扶贫的重要因素，但是这些其实是第一书记扶贫的结果表现，并非原因。

以下将通过沙壕村第一书记扶贫的案例研究，以及兴县其他第一书记的深度访谈、山西省第一书记的整体派出考核情况，试图运用经济学中的委托－代理人理论、激励理论、产权理论、人力资本理论分析影响第一书记扶贫的个体因素。

一 委托—代理链条

扶贫开发是我国各级政府的共同职责，扶贫开发坚持党的领导和政府主导，坚持从中央到地方纵向分工、分级负责的脱贫攻坚管理体制。2016年底国务院扶贫办印发《脱贫攻坚责任制实施办法》规定：脱贫攻坚实施"中央统筹、省负总责、市县落实"的纵向分工体制，县级政府承担主体责任；脱贫攻坚实施层层分级责任制，各省党政"一把手"向中央签署脱贫责任书，各级政府依次向上负责，各行业管理部门承担与本部门职责相当的扶贫开发责任。

以第一书记扶贫为例，第一书记扶贫是一项严峻的自上而下政治任务。中央代理人成为事实上的委托人，将第一书记扶贫责任纵向层层分级委托到省、市、县三级政府，以及中央机关、国企、事业单位。中央、省、市、县政府既是委托人的代理人，又是代理人的委托人。各级单位驻村工作的第一书记成为最终代理人。最终代理人来源层级包括中央、省、市、县四级（国企、事业单位委托—代理链条和行政机关单位相同，在图6-2中省略标注国企、事业单位）。

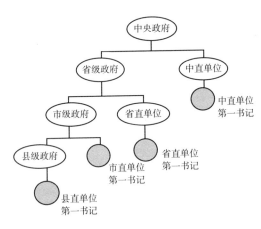

图6-2　各级第一书记委托—代理链条

从图 6-2 可以看出，随着第一书记派出单位层级的下降，第一书记的委托—代理链条增加。根据委托－代理理论，随着委托－代理链条的增加，委托人的监督成本增加，监督有效性减弱；代理人的工作努力程度下降。[①] 结合第一书记扶贫，理论上来说，随着第一书记派出单位层级的下降，第一书记扶贫代理人的监督成本累计增加，监督的有效性累计减弱，第一书记的工作努力程度逐渐下降。

第一书记扶贫过程中，派出单位的监督有效性包括：第一书记人员的选派、对帮扶村庄的视察、对第一书记工作的检查等方面。本文所调研的沙壕村，第一书记来源于中直单位，两任第一书记都是经过组织部门严格选拔产生的。第一书记派出单位领导三年来多次视察村庄，听取第一书记工作汇报。这些都表明了第一书记派出单位的监督有效性非常强，并且使得沙壕村两任第一书记工作努力程度也非常强，平时节假日不离村，连元旦这样的重大节假日也不曾离村。

二 个人成本与激励

第一书记体现专职扶贫特征，个人投入了巨大时间和工作成本，中央和地方承诺了相应的物质激励和非物质激励。根据激励理论，面临不同个体成本、个体激励的第一书记体现不同的个人扶贫优势，从而导致他们的扶贫效率不同。

---

① 张维迎、吴有昌、马捷：《公有制经济中的委托人—代理人关系：理论分析和政策含义》，《经济研究》1995 年第 4 期。

（一）个人成本

第一书记扶贫是个人专职型扶贫，相对个人而言，从各级政府机关、企业、事业单位派驻条件艰苦的贫困村开展 2 年（有些省份要求是 3 年）的扶贫工作，付出的个人成本是巨大的。而这种个人成本和派出单位级别、个人行政级别、性别有比较重要的关系。

第一书记最重要的考核指标之一就是驻村工作时间。虽然驻村时间和扶贫效率不是直接成正比关系，但是不可否认，第一书记驻村时间越长，对村庄越了解，对扶贫工作越有利。第一书记是否经常驻村和他们的离村成本成反比。当第一书记派出单位级别越高时，意味着第一书记家庭所在地和选派村距离越远，反之则越近。距离越远，离村的时间和路费成本就越高，驻村工作的可能性就越高；反之则越低。所以，随着派出单位级别的增加，第一书记驻村的时间在增加。

本书所调研的沙壕村，两位第一书记单位和家庭都在北京，他们坚持驻村，元旦等重大节假日都不曾离村。调研发现，省直单位的第一书记回家频率按月计算，市直单位第一书记回家频率按周计算，县直单位第一书记回家频率则可能按日计算。县直单位第一书记往往私车公用，加上县城距离偏远贫困村往往较远，往返油费高，交通补贴费超过实际交通成本，导致他们工作满意度下降。

第一书记个人的行政级别以副科、科员为主，其次是正科，还包括少量处级及以上干部。不同级别的干部下派到农村当第一书记，面临的机会成本不同。级别越高的干部，机会成本损失得越多。如果第一书记的激励没有考虑到不同行政级别的个人机会成本，则对他们的工作努力有不利的影响。

第一书记由于驻村工作性质，女性所占比例较小。以山西省为例，2015 年 9395 名第一书记中，女性第一书记共 1275 人，占比 13.6%。女性在家庭中往往承担更多的照料责任，女性干部离开家庭长时间驻村工作，对于家庭而言家庭成本大于男性干部。但是从中央到地方出台的第一书记选派文件中，没有给予女性第一书记更多的激励。加上女性干部在政治参与上的明显弱势地位，所以相比男性第一书记，女性第一书记的工作成本大、工作激励小。

（二）个人激励

第一书记的个人激励包括物质激励和非物质激励。物质激励包括工资福利、办公经费、差旅伙食补助、偏远地区性津贴等；非物质激励包括评选先进、提拔任用、晋升职级等。物质激励是确保第一书记下得去、待得住的基本激励，而非物质激励则是确保第一书记能干得好的核心激励。第一书记的派出体系呈现自上而下顺序，市县级尤其是县级承担足额兜底。从全国层面来看，中央、省、市、县级单位的第一书记所占比例呈现上升趋势，县级单位承担了 2/3 的第一书记派出任务。所有这些激励基本都随着第一书记派出单位层级的下降而下降。

1. 物质激励

第一书记制度出台的文件规定：第一书记在村工作期间，原人事、工资和福利待遇不变。派出单位承担第一书记的办公经费、生活、交通、通讯、差旅、伙食补助、偏远地区性津贴，安排体检、办理人身意外保险等；选派县或乡镇提供工作和生活条件。派出单位的综合实力，包括单位的行政级别、权力大小、财力大小基本决定了第一书记能获得的物质激励。

一些激励具有普惠性，如河南省为每名扶贫书记配备3万元的办公经费，用于第一书记外出调研、学习考察、日常办公，提高了第一书记的工作努力度。但不同单位层级、不同性质单位、不同省份甚至不同县市的第一书记获得的物质激励不同。

一般而言，随着单位层级、单位权力、单位财力的上升，第一书记获得的物质激励增加，并且在数量、质量、时间上都有保证。如山东省仅为每名省直第一书记配备30万元扶贫启动资金和1万元办公经费；而一些市县级尤其是财政紧张的县级政府，甚至无法支付第一书记交通、差旅补贴，如海南省万宁市第一书记管理办法中就明确写明：县级财政拨付有困难的可向市财政局申请资金；[①] 发改委、财政局、大型企业等单位为第一书记提供的工作、生活条件普遍优于其他单位第一书记，如山西焦煤集团不仅为本单位第一书记出行提供摩托车，还为所有驻兴县帮扶的中

---

① 万宁市组织部：《万宁市驻村第一书记管理办法（试行）》，2016年5月24日，http://www.wanningdj.gov.cn/djzt/dysjzwn/201605/t20160524_2016607.html。

直、省直单位第一书记免费提供摩托车，解决他们的交通出行困难。

2. 非物质激励

中央和地方各级政府都承诺对任职期间表现优秀的第一书记在同等条件下优先任用。第一书记的工作绩效是他们后期评选先进、提拔任用、晋升职级的重要依据。可以看到，随着层级的下降和第一书记数量的增加，各种激励的机会尤其是官僚体制内的提拔任用、职级晋升机会也在下降。尤其是数量庞大的县直单位第一书记，面临的激励机会是最微小的，这直接导致了个人激励随着层级的下降而下降。

以荣誉激励为例，可以明显看出层级越低，荣誉的获得机会越少。以山西省为例，2016 年共有 5 名第一书记获得山西省"全省脱贫攻坚奖"，97 名第一书记获得"模范农村第一书记"称号。102 名获奖第一书记中，有 83 名来自政府机关单位，其中，来自省直、市直、县直机关的第一书记所占比例分别为 20.6%（21 人），30.4%（31 人），30.4%（31 人）。[①] 山西省 2015 年共有 9395 名第一书记，中直单位和国企、事业单位共占 9.9%，省直机关单位、市直机关单位、县直机关单位分别占 5.4%、15.7%、69%。[②] 如图 6-3 所示，省级、市级、县级三级第一书记获得省级表彰的概率呈现递减趋势，其中市级第一书记获奖可能性为省级的 50%，县级获奖可能性只有省级的 12%，市

---

① 中直机关第一书记不参加山西省模范农村第一书记等荣誉评选。
② 王飞航：《山西选派 9395 名机关优秀干部到村任"第一书记"》，新华网，2015 年 8 月 8 日，http://www.xinhuanet.com/politics/2015-08/08/c_1116189122.htm。

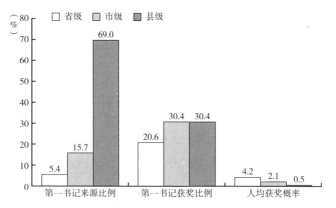

图 6-3　山西省 2015 年不同层级第一书记来源及获奖比例

级的 24%。

虽然第一书记的先进评选受到很多其他因素（如政治因素）的影响，但是结合其他激励都可以表明随着层级的下降，第一书记的个人激励在降低。

三　人力资本

根据人力资本理论，个人获得学校教育、工作经验、工作期间的培训、干中学等都对个人的能力提升有显著的影响作用。针对第一书记扶贫，可以看到第一书记本人的受教育程度、工作经历、获得的扶贫培训、扶贫交流这些人力资本因素都将影响第一书记的扶贫能力和效率。

第一书记的人力资本随着单位层级的下降呈现递减趋势。以第一书记行政级别为例，据统计，2015 年 8 月，河南省省直机关选派的 221 名第一书记中，处级干部占比达到 91%，①

---

① 时圣宇：《河南精准选派驻村第一书记 舍得出人 舍得出钱 舍得出力》，《人民日报》2016 年 6 月 14 日。

市、县级下派的第一书记在行政级别、受教育程度上都呈现下降趋势。

第一书记虽然是"个人专职型"扶贫干部，但是他们并非专业型扶贫干部。各级政府组织了专门针对第一书记扶贫的培训，培训涉及理论、实践、交流等方面。培训一般遵循分层分级原则。以山西省为例，2016年集中利用两个月时间分层分级对全省9395名农村"第一书记"进行轮训，省级培训覆盖省中直和省直机关第一书记，市、县两级参照省里做法完成第一书记培训。沙壕村两位第一书记分别参加了中央、省、市、县四级第一书记的培训班，不仅学习了扶贫理论、技能和知识，还认识了各个层级扶贫第一书记盟友，建立了国家、省、市、县各个层面的扶贫工作交流平台。随着第一书记培训层级的下降，第一书记的培训时间、规模、质量、交流平台都呈现缩减趋势。这些都将影响到第一书记扶贫工作的能力和效率。

四 多元、多源、多级化

（一）主要表现

精准扶贫阶段，在村一级，出现了包括第一书记、扶贫工作队、包村单位、帮扶责任人、村"两委"等多元帮扶主体。这些帮扶主体不仅多元，而且多源化特征明显。所有外来帮扶主体，按单位来源可以分为同一单位和不同单位。在单位包村中，单位整体上承担贫困村帮扶责任，如果单位成员较多，则派驻第一书记和扶贫工作队，并且安排本单位职工作为贫困户的帮扶责任人，那么包村单位、第一书记、扶贫工作队和帮扶责任人都来源于同一单位。但是实际这种情况比较少，大部分的村庄帮扶主体单位来源不统一。在单一扶贫主体内部，如扶贫工作队内部，队员来源也不一致。如安徽省，扶贫工作队队长来自省、市、县级部门，工作队员来自乡镇联村干部、大学生村官、三支一扶人员。

多元多源扶贫主体还呈现多级化特征。同一村庄的扶贫主体，成员行政级别不同，有的第一书记级别和扶贫队队长级别相同，有的不同；有的扶贫队队长行政级别和队员相同，有的甚至低于队员。

扶贫主体出现多元、多源、多级化，主要是由帮扶主体的供需不平衡导致。全国 12.8 万个贫困村，包括第一书记、扶贫工作队等在内的所有扶贫主体总体需求数量众多，全部要求一个单位承担所有的派出任务，在现实上不可行。截至 2017 年 6 月，全国共选派了 77 万多名干部驻村帮扶，[①] 平均每个村 6 名驻村干部。一些派出单位，尤其是县级单位，全部编制都可能不足 6 人。

扶贫主体的派出体系呈现自上而下顺序，中央和省级单位选派第一书记更多承担的是质量上的示范带动作用，而市县级尤其是县级单位更多承担的是数量兜底作用。2015 年第一书记制度出台的文件，规定每个中直单位选派

---

① 霍小光：《习近平总书记深入吕梁山区看望深度贫困群众》，新华网，2017 年 6 月 24 日，http://www.xinhuanet.com/politics/2017-06/24/c_1121203916.htm。

第一书记的数量为至少一名，为基层做出示范；2015 年山西省选派第一书记管理办法中就明确指出：第一书记采用省、市、县"三级联动"方式，按照"省级示范带动，市县级足额兜底"的方式统一择优选派。2015 年山西省选派的 9395 名第一书记中，中直和省直机关单位占 5.6%，市直机关单位占 15.7%，县直机关单位占 69%，国有企业、事业单位占 9.7%。[①] 本书调研的沙壕村所在的兴县，2015年 8 月共选派第一书记 307 人，其中县级单位 253 人，占比 82%。

扶贫工作队的选派数量大于第一书记，中央、省直单位选派难度更大。即使是在中央、省直单位派出第一书记的贫困村，也不可能足额派出本单位的扶贫队与之对应。以西藏为例，2/3 的工作队来源于县级；[②] 本书调研的沙壕村所在的兴县，县级工作队 136 支，占全部 170 支工作队的 80%。

本书所调研的沙壕村第一书记来自中国人民对外友好协会，但是扶贫工作队由兴县扶贫办派出，包村单位是蔡家崖乡政府，三者来源均不统一。沙壕村第一书记为了充分发挥扶贫工作队、包村单位对沙壕村扶贫工作的"内生动力"，利用每月主题党日搭建三方交流平台，加强平时工作沟通汇报，综合利用三方的扶贫资源和扶贫优势，增强扶贫工作效率。

---

① 王飞航：《山西选派 9395 名机关优秀干部到村任"第一书记"》，新华网，2015年 8 月 8 日，http://www.xinhuanet.com/politics/2015-08/08/c_1116189122.htm。

② 王丹莉、武力：《干部驻村：西藏乡村基层治理方式再透视——基于西藏六地一市干部驻村的问卷调查》，《河北学刊》2017 年第 3 期。

（二）对扶贫效率的影响

当扶贫主体来源、单位来源更加一致时，扶贫责任更加统一，扶贫工作的产权更加明晰，扶贫激励更加有效。而当扶贫主体来源增加的时候，扶贫工作产权被分割，各单位主体收益降低，激励下降，协调交易成本上升，工作激励与努力度下降。多元多源扶贫主体聚集一个村庄内，各主体更多地处于形式上的联结；尤其是当各主体成员行政级别安排不能更好地服务于统一的扶贫工作时，内部交易成本大大增加，村庄整体的边际扶贫效率随着扶贫主体的增加而递减。

对比本书采访的另外两位第一书记可以说明此问题。李书记来自市一级单位，他所在帮扶村的工作队非本单位。李书记表示他们单位共派出了5位第一书记，2个扶贫工作队。派出单位帮扶资源主要投入扶贫工作队和第一书记都是本单位的2个村，派出单位考虑到其他3个村庄有其他工作队的投入，所以派出单位投入的就较少。李书记所在帮扶村的扶贫工作队是县级单位，该单位同时帮扶几个贫困村，所以对该村的帮扶资源也被分散。另一位女性第一书记，也来自市一级，她所在的帮扶村扶贫工作队就是本单位，队长是单位领导。她表示单位领导把扶贫责任全部委托给了自己，自己的责任是双倍的，虽然单位能投入一定的帮扶资源，但是她自己也需要积极额外寻找政府资源、社会资源。

第三节　第一书记扶贫的政策建议

不同的第一书记具备的个体因素不同，导致了不同的扶贫效果。第一书记扶贫 3 年多来，各省既有优秀的第一书记，又有不合格并召回的第一书记。兴县 2017 年也有 10% 的第一书记考核不合格被召回。为了更好地提高第一书记扶贫的效率，结合以上理论分析和实证研究，本书将针对第一书记扶贫提供相应的政策建议。

一　调整派出结构，保障人选合格

第一书记总量缺口大，即使在扶贫压力下"硬抽人、抽硬人"，也由于选派层级下沉压力大，选派任务集中在县级单位，而难以选拔出合格人选。

2015 年 8 月，兴县选派了第一批驻村第一书记 307 名，其中中央单位 1 名、省级单位 18 名、市级单位 35 名（女 2 名），县级单位 253 名（女 24 名）。第一书记任职 2 年。2016 年 8 月，县委组织部对任期满 1 年的第一书记进行了专项考核，共评出优秀第一书记 36 名，不称职第一书记 46 名，对不称职第一书记进行召回。另因派出单位工作需要调整 17 人，提拔任用 19 人。2016 年 11 月，又选派了 130 名第一书记，其中市直机关选派 46 名（女 3 名），从隔壁县市选派 84 名。隔壁县市选派的第一书记年龄都偏大，有的是马上要退休的干部。他们在贫困村担任第一书记，发挥的作用就非常有限，有的基本驻村要求都不能满足。

第一书记是驻村帮扶的最终代理人，他们的工作努力直接关系驻村扶贫工作的效率。第一书记选派遵循由上而下的顺序，最终县级单位承担了足额兜底的选派任务。随着扶贫任务委托—代理链条的增加，监督管理成本增加，尤其是上级能给予下级的个人物质和非物质激励均减弱，导致工作积极努力度下降，扶贫效率降低。第一书记要求必须是党员，由于县级单位党员人数少，由县级足额兜底第一书记数量的选派方式，无法做到"抽硬人、硬抽人"，最终变成"没得抽"，难以保障第一书记质量。

政府部门逐渐意识到以上问题。2016 年 11 月，山西省政府做出决定，调整第一书记的主体单位，从县级单位为主调整到以市级单位为主体。[①] 随着第一书记选派单位层级的上升，第一书记的委托—代理链条减少，单位监督、个人激励和努力度都将增加。具体选派制度设计中，应在数量和质量难以同时保证的前提下，优先保证质量，不能一味追求数量。一些单位，人员少、任务重的可以不派。不能一刀切，否则扶贫工作做不好，本单位的本职工作也做不好。需要加大第一书记的选拔甄别力度，从根本上提高驻村帮扶效果，尤其要避免外界帮扶带来的负面作用。要尽量选派有多年工作经验的同志，便于处理各种复杂关系。还要选派可以"一心一意"驻村扶贫的"全职型"干部，保证扶贫的时间投入。

---

① 山西日报评论员：《充分发挥"三支队伍"的骨干作用》，《山西日报》2016年11月25日。

二 注重发展目标，坚持科学考核

进入扶贫攻坚阶段，深度贫困地区是"最难啃的硬骨头"。不管是"输血式"扶贫，还是"造血式"扶贫，必要的资源投入都是前提。第一书记能获得的资源投入，很大程度上取决于派出单位的整体资源。

第一书记驻村工作，尤其是帮助贫困村脱贫致富具有鲜明的"三结合"的特点，即结合自身特长、单位优势和任职村特色。其中单位优势作用最为显著，不同行政级别单位的政治资源、经济资源有很大的差异。政治资源和经济资源多的单位能在短期内调动、整合大量的人力、物力、财力用于帮扶村基础设施、产业经济等建设，帮扶效果立竿见影，这些单位的第一书记自然更容易得到县乡政府和村民的支持。但是更多的单位，尤其是县直机关，自身资源有限，再加上帮扶点多，很难在短期内达到村民期望的帮扶效果，导致村民对第一书记产生认识偏差。单位资源紧张成为众多"一般单位"派出的第一书记扶贫面临的最大难题。

第一书记获得的扶贫资源，在很大程度上扩大了贫困村庄的现有差异。以兴县蔡家崖乡的帮扶单位为例，大型省级煤炭集团作为定点帮扶单位，为帮扶村庄投资3000万元建设蔬菜设施农业大棚；相比之下，小型市级单位作为帮扶单位，不仅单位力量小，而且帮扶任务重，一个单位需要派出5个工作队，2名第一书记，所以给帮扶村的直接投资就非常小。2017年，兴县下乡办也多方协调，将一些实力较强收益较好的企业纳入帮扶队伍中，协调出妇联、采购中心、中小企业局等单位，进一步平衡第一书记和驻村扶贫队的帮扶力量，平衡村庄发展。

基于此，第一书记的考核激励机制应尽量减少单位资源的影响因素。应建立科学的考核激励机制，更加全面考核第一书记帮扶效果。各地应根据实际情况，围绕建强基层组织、推动精准扶贫、为民办事服务、提升治理水平四大主要目标，制定符合当地村庄发展需求的考核办法。考核不仅看数量更要看质量，应侧重长期目标，以实现村庄可持续发展为宗旨，尽量避免短期帮扶产生的短期利益行为。第一书记帮扶的最终成效需要转化成村庄的自治能力，帮助村庄实现自身发展。所以第一书记的考核更应注重可持续发展目标，将培育村民的自治能力、领导力的内生供给作为核心目标。考核需要一把尺子，但是又不能对所有单位同时使用同一把尺子，要考虑到不同下派单位综合帮扶实力问题，客观评价第一书记个人的帮扶效果，以产生正确的考核激励，促进第一书记制度的长效化。同时，在加强选派管理、绩效考核的基础上，还要健全惩罚机制，实施巡回督导、批评教育、及时召回等措施，加大第一书记扶贫责任与压力，催生积极健康的扶贫动力。

三 创新帮扶机制，协调帮扶力量

帮扶主体多元、多源、多极化带来了帮扶主体内部协调沟通成本上升，帮扶责任不清晰减弱了帮扶主体的工作激励，最终影响了帮扶效率。

为了提高各帮扶主体的整体帮扶效率，真正实现"人多力量大"的帮扶初衷，应创新帮扶机制。各省应结合自身实际，在省级层面出台措施办法，建立帮扶资源蓄水池，平衡单位资源，最大化所有村庄帮扶效果，尽量避免因帮扶带来的村庄差距扩大。单位优势明显、个人能力突出的第一书记在完成本帮扶村的扶贫任务后，可以轮换到其他单位帮扶村，提高帮扶资源整体配置效率。村内帮扶力量，尽可能做到"来源一致"，减少帮扶主体的多源化程度，减少不同单位的协调成本，如安徽省和湖北省，驻村工作队长即第一书记，这将有助于多元帮扶力量的有机结合。2017年，兴县下乡办和下派办经过协调，调整了多个村庄第一书记和扶贫工作队，提高了这些村庄单位来源的一致度。

四　增强帮扶培训，构建帮扶网络

第一书记作为非专业的"个人专职型"扶贫干部，需要通过组织专业的培训提高他们的帮扶能力，同时需要为他们构建帮扶网络，增强他们的扶贫工作交流，提高帮扶效果。

现有的帮扶培训质量、帮扶网络与第一书记的人力资本呈现"倒挂"现象，即人力资本越高的第一书记，接受的培训质量越好，获得的帮扶网络更广泛。来自中央、省、市、县级的第一书记，随着层级的下降，接受的培训时间、质量、网络都在缩减。不仅如此，因为第一书记的实际选派数量随着层级的下降在递增，这就导致数量最多需求最大的第一书记群体接受的整体培训质量最低。为了扭转这一现象，应给予更多数量更多需求的县级第一书记更多的专业培训，提供他们的扶贫理论认识和实践能力，

图6-4　蔡家崖乡省直机关帮
扶大队培训会议　赠
送第一书记的摩托车

（李鑫提供，2017年12月）

从而提高整个第一书记群体的扶贫能力。

第一书记作为外来帮扶人员，需要有组织化的网络。通过平时的会议、培训、参观等方式组建这样的组织化网络，不仅有助于他们自身情感的交流，减少工作环境、生活环境转换带来的心理不适，同时有助于相互学习提高，借鉴可行的扶贫经验。山西省省直机关定点帮扶组织体系采用大队组织形式，每个县都有扶贫工作大队，大队将所有的省直机关和中央机关帮扶单位组织起来，定期举行交流互动，同时也为他们解决一些实际困难。山西省焦煤集团扶贫大队长是兴县省直机关帮扶的大队长，焦煤集团为每个第一书记都免费提供了摩托车，解决他们的交通出行困难。

参考文献

陈国申、唐京华：《试论外来"帮扶力量"对村民自治的影响——基于山东省 S 村"第一书记"工作实践的调查》，《天津行政学院学报》2015 年第 6 期。

桂华：《项目制与农村公共品供给体制分析——以农地整治为例》，《政治学研究》2014 年第 4 期。

韩广富、周耕：《党政机关选派干部下乡扶贫制度的建立》，《理论学刊》2013 年第 11 期。

蒋建：《驻村"第一书记"的管与用》，《人民论坛》2012 年第 31 期。

刘宝臣：《西藏基层治理面临的形势和任务——基于 100 名村（居）支部第一书记的访谈》，《西藏研究》2016 年第 6 期。

刘仁：《四川利州脱贫调查：压力大了，动力哪来》，《人民日报》2016 年 12 月 25 日。

刘司可：《扶贫资源分配和贫困退出中的矛盾及其化解——基于湖北陈村贫困户和脱贫户的调研分析》，《当代经济管理》2015 年第 3 期。

时圣宇：《河南精准选派驻村第一书记 舍得出人 舍得出钱舍得出力》，《人民日报》2016 年 6 月 14 日。

檀学文：《完善现行精准扶贫体制机制研究》，《中国农业大学学报》（社会科学版）2017 年第 5 期。

陶正付、李芳云：《"第一书记"助农村党建民生双提升——山东省"第一书记"制度建设实践探析》，《中国特色社会主义研究》2016 年第 5 期。

汪三贵、郭子豪：《论中国的精准扶贫》，《贵州社会科学》2015 年第 5 期。

汪洋：《沿着沈浩的脚印大步向前——安徽省选派优秀干部到村任第一书记工作纪实》，《农村工作通讯》2016 年第 20 期。

王丹莉、武力：《干部驻村：西藏乡村基层治理方式再透视——基于西藏六地一市干部驻村的问卷调查》，《河北学刊》2017 年第 3 期。

王亚华、舒全峰：《第一书记扶贫与农村领导力供给》，《国家行政学院学报》2017 年第 1 期。

习近平：《按照"三个代表"要求创新农村工作机制》，《党建研究》2002 年第 9 期。

谢小芹：《"双轨治理"："第一书记"扶贫制度的一种分析框架——基于广西圆村的田野调查》，《南京农业大学学报》（社会科学版）2017 年第 3 期。

徐菲：《撑起农村新天地——一花引来满山红——湖北省选派第一书记工作综述》，《党员生活：湖北》2016 年第 6 期。

严国方、肖唐镖：《运动式的乡村建设：理解与反思——以"部门包村"工作为案例》，《中国农村观察》2004 年第 5 期。

杨芳：《驻村"第一书记"与村庄治理变革》，《学习论坛》2016 年第 2 期。

袁立超、王三秀：《非科层化运作："干部驻村"制度的实践逻辑——基于闽东南 C 村的案例研究》，《华中科技大学学报》（社会科学版）2017 年第 3 期。

袁立超、王三秀：《嵌入型乡村扶贫模式：形成、理解与反思——以闽东南 C 村"干部驻村"实践为例》，《求实》2017 年第 6 期。

张谋贵：《解决"三农"问题的又一重大实践——有感于"第一支书"制度》，《学习月刊》2004 年第 1 期。

张维迎、吴有昌、马捷：《公有制经济中的委托人—代理人关系：理论分析和政策含义》，《经济研究》1995 年第 4 期。

Chengfang Liu, " Development Challenges, Tuition Barriers, and High School Education in China, " *Asia Pacific Journal of Education* 9 (2009).

后　记

　　第一书记扶贫是精准扶贫的重要组成部分，精准扶贫的六个精准之一"因村派人精准"指的就是第一书记的选派。2017年6月，习近平总书记在山西省吕梁山区调研深度贫困地区脱贫攻坚工作时，强调近年来向基层派出第一书记、扶贫工作队，还有村官，都是做好"三农"工作特别是脱贫攻坚工作的组织举措。沙壕村就是典型的第一书记扶贫案例村庄。

　　2015年12月起，中国人民对外友好协会先后选派两名第一书记驻村帮扶沙壕村。在两任第一书记的努力下，在派出单位和兴县政府的支持下，沙壕村基本摆脱了历史已久的贫困问题，并将于2018年整村脱贫。

　　本课题组于2017年先后多次赴山西省吕梁市兴县蔡家崖乡沙壕村开展第一书记扶贫的调研，得到了兴县县委、兴县人民政府的大力支持和帮助。通过县级各个单位参加的座谈会，课题组掌握了兴县整体脱贫工作情况；尤其感谢兴县县委组织部部务委员、下派办主任刘翠平和兴县高家村镇党委书记、兴县县委下乡办原主任王俊杰，通过与他们的深入交流，课题组掌握了兴县第一书记、扶贫工作队整体组织管理情况，为文章的实证分析提供了基础材料。

特别感谢中国人民对外友好协会挂职副县长刘继锋、中国人民对外友好协会选派沙壕村第一书记操小卫、李鑫的鼎力帮助，通过对他们的采访以及他们提供的扶贫工作材料，课题组了解了整个中国人民对外友好协会定点帮扶兴县、驻村帮扶沙壕村的具体工作，为文章的案例写作部分提供了充实的材料。还要特别感谢蔡家崖乡其他三位受访的第一书记，他们是李新华、李翠叶、延瑞，通过他们的扶贫案例，得以丰富课题组的对比分析内容。

衷心感谢沙壕村村主任刘建存等村干部，通过他们组织的村"两委"座谈会，课题组对沙壕村整体扶贫情况有了详细了解；感谢受访的老医生、老教师、老党员，以及60位农户，他们提供了详细的村庄变迁资料和个人家庭问卷资料，通过他们提供的资料，课题组得以进行详细的案例描述和数据分析。

还要由衷感谢王旭芳、王彦和王底军三位兴县老乡，通过他们的引荐，让我们了解兴县并走进兴县完成了这次第一书记扶贫的调研。

最后借此书，向全国奋斗在扶贫第一线的第一书记致敬！

课题组

2018 年 8 月

图书在版编目（CIP）数据

精准扶贫精准脱贫百村调研. 沙壕村卷：第一书记
扶贫的实践 / 曾俊霞, 郜亮亮著. -- 北京：社会科学
文献出版社, 2018.12
　　ISBN 978-7-5201-3559-7

　　Ⅰ. ①精… 　Ⅱ. ①曾… ②郜… 　Ⅲ. ①农村 - 扶贫 -
调查报告 - 兴县 　Ⅳ. ①F323.8

中国版本图书馆CIP数据核字（2018）第220798号

·精准扶贫精准脱贫百村调研丛书·

精准扶贫精准脱贫百村调研·沙壕村卷
——第一书记扶贫的实践

著　　者 / 曾俊霞　郜亮亮

出 版 人 / 谢寿光
项目统筹 / 邓泳红　陈　颖
责任编辑 / 陈　颖

出　　版 / 社会科学文献出版社·皮书出版分社（010）59367127
　　　　　　地址：北京市北三环中路甲29号院华龙大厦　邮编：100029
　　　　　　网址：www.ssap.com.cn
发　　行 / 市场营销中心（010）59367081　59367083
印　　装 / 三河市尚艺印装有限公司

规　　格 / 开　本：787mm×1092mm 1/16
　　　　　　印　张：12.25 字　数：120千字
版　　次 / 2018年12月第1版　2018年12月第1次印刷
书　　号 / ISBN 978-7-5201-3559-7
定　　价 / 59.00元